JN188498

掲載作品

P70
金屏風

P40
紙染め

P54
ステンドグラス

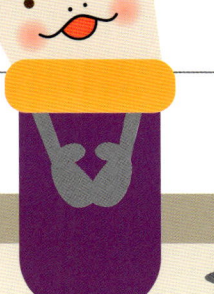

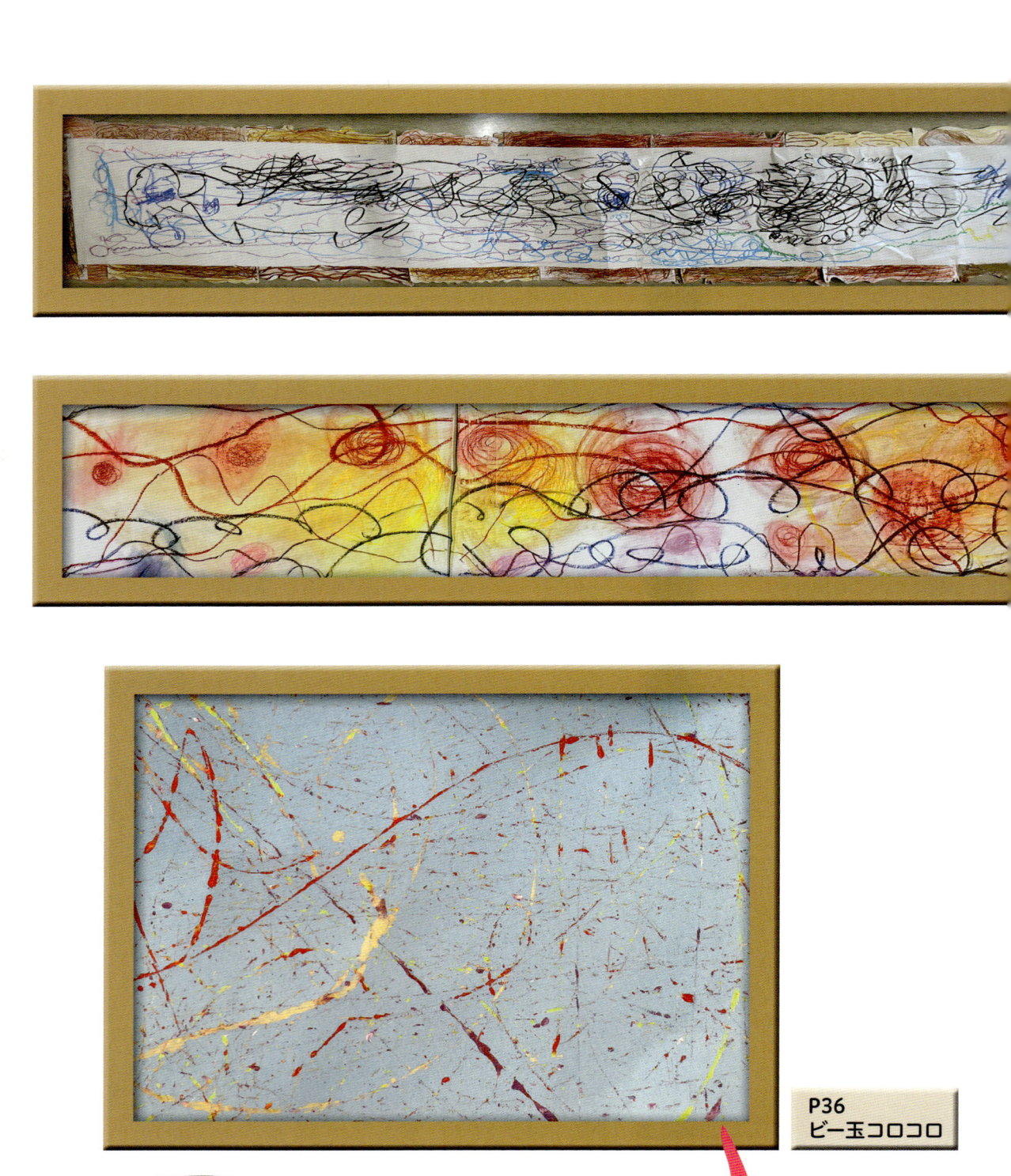

P36
ビー玉コロコロ

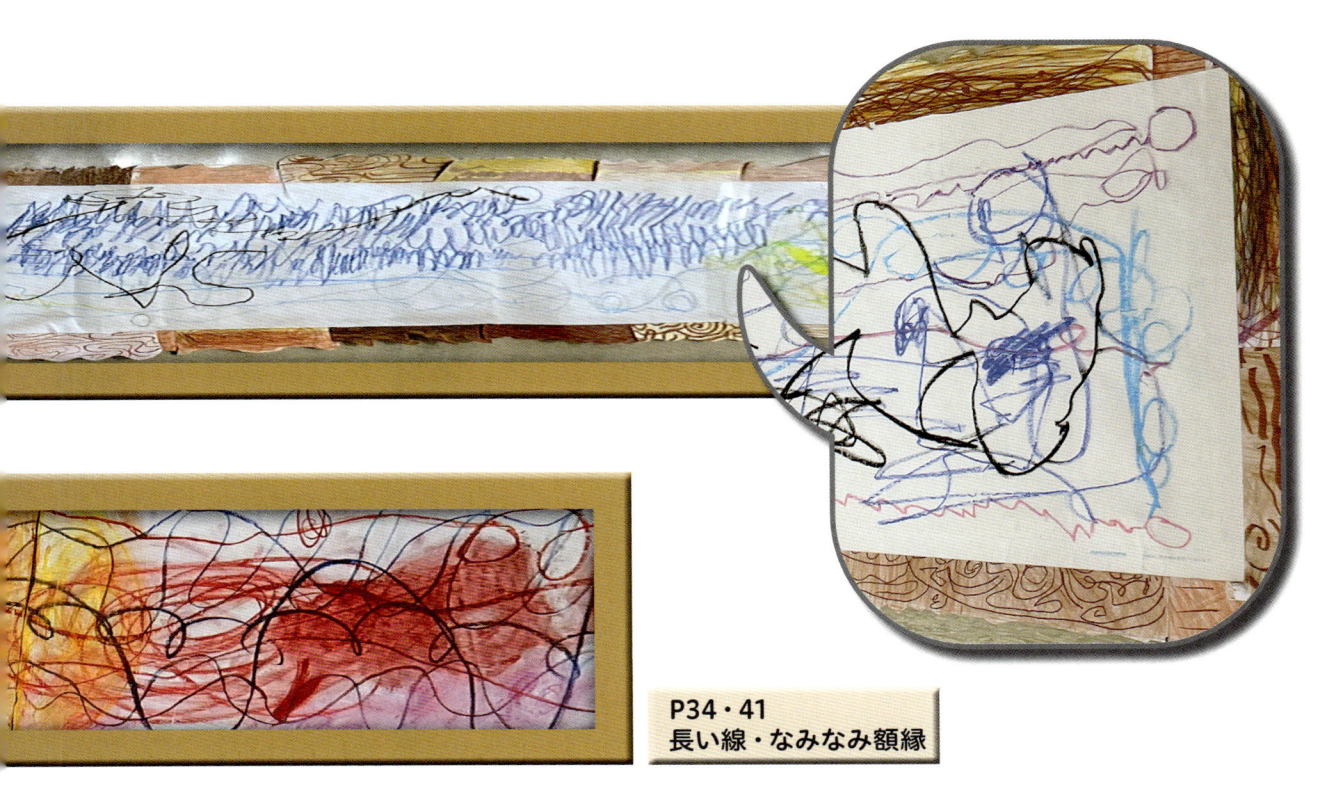

P34・41
長い線・なみなみ額縁

P42
額縁職人

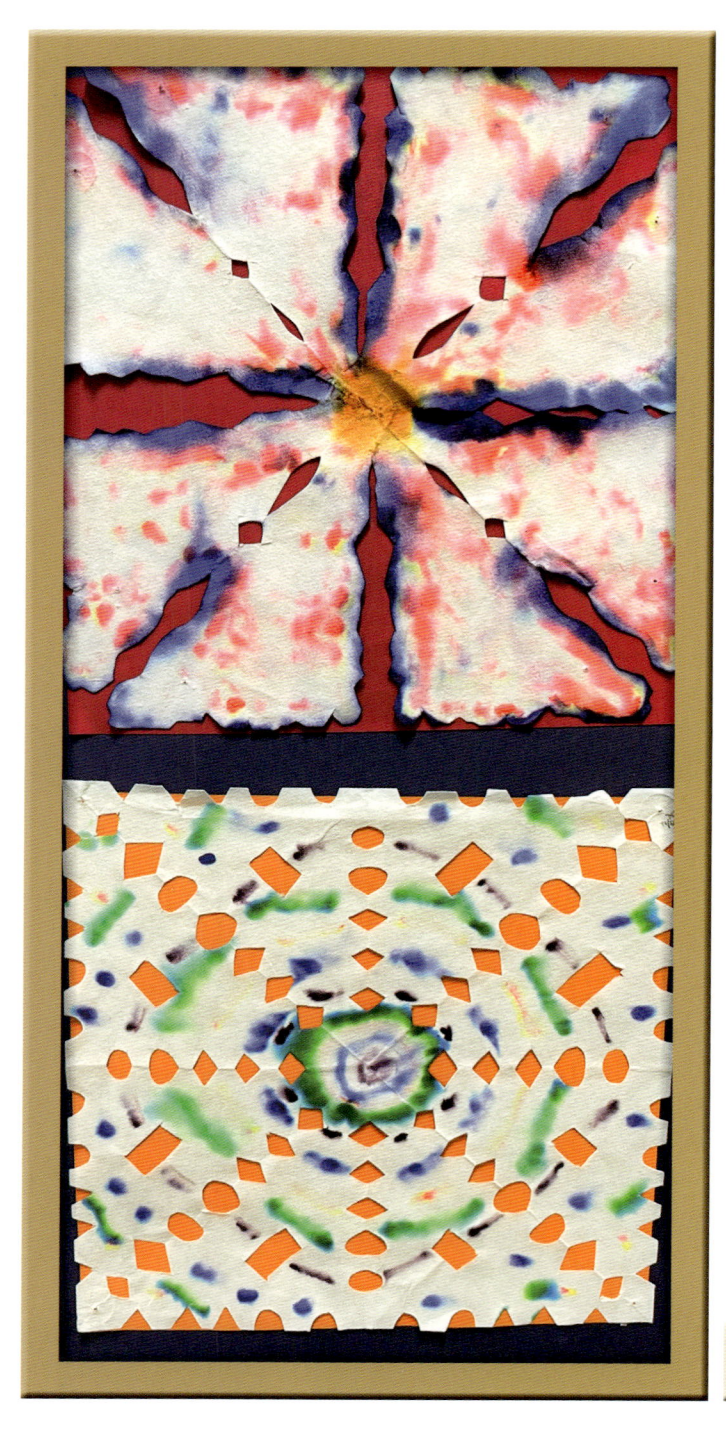

P46
カットとペンでフラワー

P38
お散歩で発見！

P37
絵の具でマーブリング

P39
ブラシでシュシュシュ

P78
花火を打ち上げよう

P60
深夜の動物園と水族館

P63
テキスタイルデザイナー

P58
水墨画

P80
新種の昆虫大集合

P50 〜 53
風船フラワー・
デカルコマニー

P74
タコ・凧・たこあげ

P50 〜 53
風船フラワー・
デカルコマニー

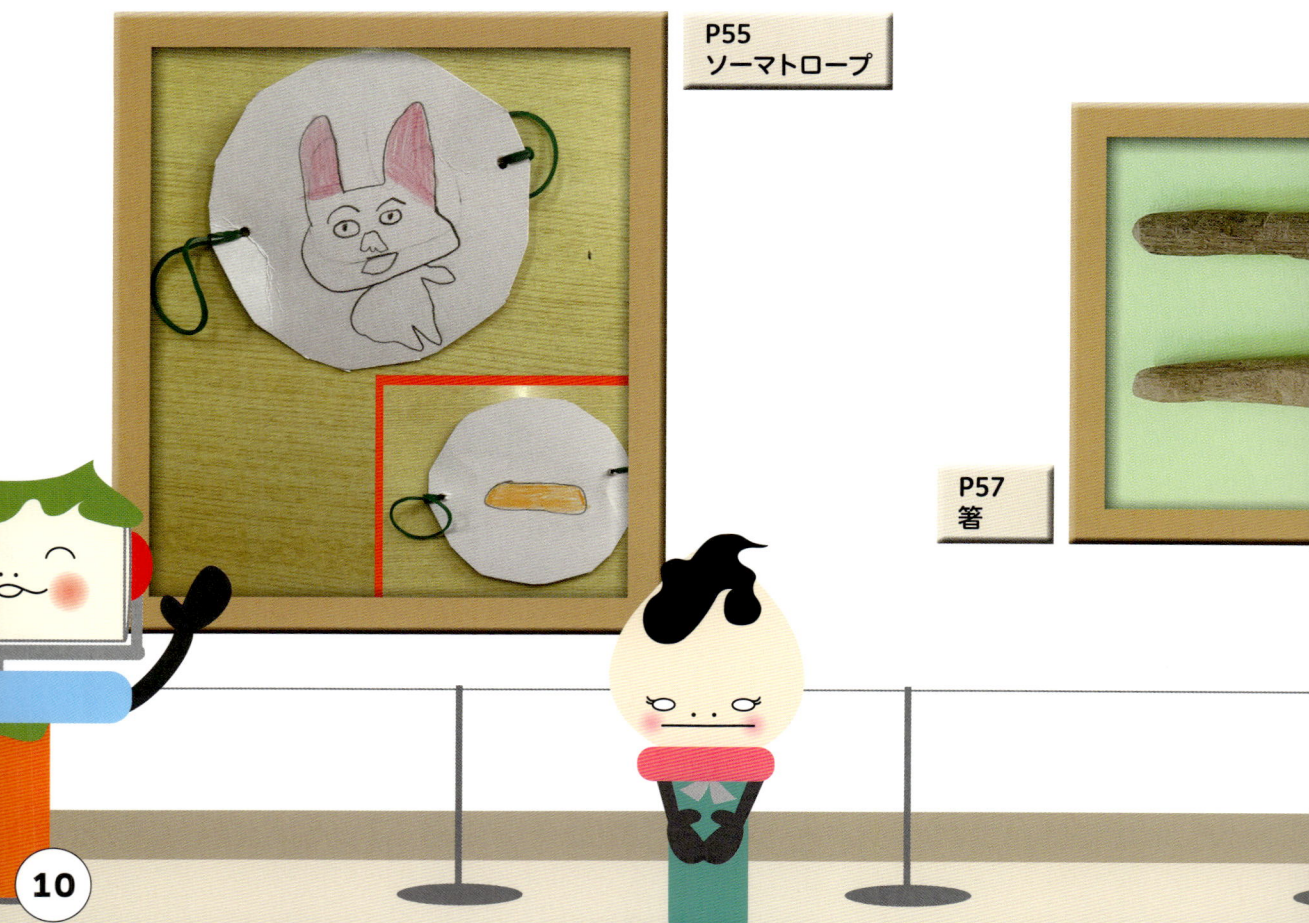

P55
ソーマトロープ

P57
箸

P56
SDGs ランプ

P62
ボタニカルアート

P64
回転版画

P90
岡本太郎になろう

P72
伊勢海老を作ろう

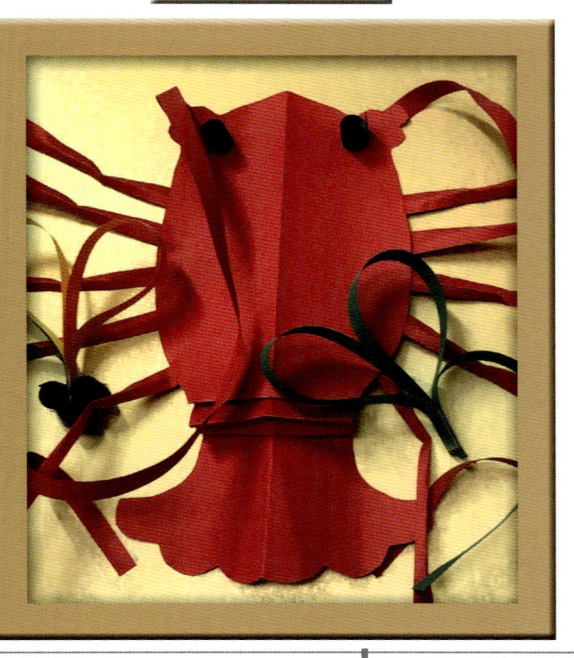

P66
篆刻

P92
他校とコラボ 北部

P92
他校とコラボ 南部

P84
ペーパークラフトで
花を咲かせましょう

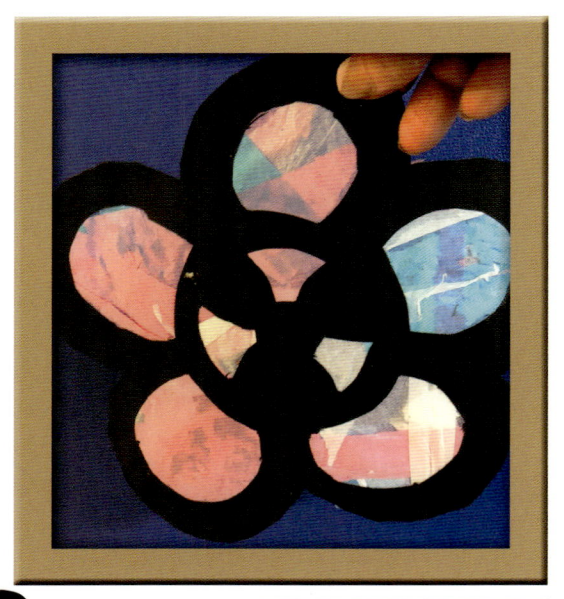

P47
ふんわりオーナメント

特別支援の美術指導
インクルーシブ絵画&造形

武 香代美【著】

いかだ社

はじめに

　数ある美術教育本の中から手に取っていただきありがとうございます。私は、公立中学校の美術と、特別支援学級の美術を担当しています。

　私は、美術の授業は**生徒たちが楽しみながら取り組むことが一番大切**だと考えています。楽しい授業は、生徒たちにとって学びの意欲を引き出すきっかけとなります。そのためには、教師が**しっかりとした準備**を行うことが必要です。どのような題材にするかを選び、どのように説明すれば生徒たちが楽しく、安心して取り組めるかを考えるのは、とても大事なことです。

　この本では、**特別支援の美術を初めて担当する教師の方**でも、**楽しく効果的な授業**が行えるように、**わかりやすい題材**や指導方法を提案しています。初めての挑戦は不安もあるかもしれませんが、少しでも授業づくりの参考になればと思います。

通常学級で行っている制作題材も紹介しています。特別支援学校とは違い、支援学級の生徒が、交流学級に入って通常学級の生徒と一緒に授業を受ける生徒も多くいます。**美術は技能教科**です。**言葉や、理論に頼らなくても、自分の考えを制作を通して人に伝えることができます。**制作を通して自然にコミュニケーションが広がります。制作の様子をみていると、制作について、話し合ったり、教え合ったりしている姿が見られます。

　また、同じ題材をアプローチの仕方を変えて支援学級でも行うこともあります。文化祭などの作品展示では、交流学級の生徒と同じ展示場所に展示をします。同じ題材、同じ展示場所にすることによって、「自分もできる、クラスの一員である」と自信を持つことができ、自己肯定感を向上することができます。

　生徒たちが「美術の授業って楽しい！」といってくれるように授業作りの手助けとなることを願っています。

武　香代美

目　次

● この本は、中学校の支援学級の作品を中心に紹介していますが、
造形基礎の要素を多く含んでいるため、小学校でも活用できます。

● レベルの★は、教師の指導の難易度と生徒の制作の難易度を
総合的に評価したものです。

この本に出てくる主な教育用語集

この本に登場する専門用語や内容について、わかりやすく解説しています。

通常学級と特別支援学級と特別支援学校の違い

通常学級　標準的な学習環境。支援が必要な生徒もいるが、基本は全員同じカリキュラム。

特別支援学級　通常の学校内にある支援クラスで、生徒の特性に合わせた指導を受ける。交流学級での学びも可能。

特別支援学校　より専門的な支援を受けることができ、学習の機会だけでなく、日常生活に必要なスキルの習得にも重点が置かれる。

合理的配慮

障がいや特別な支援が必要な生徒が、美術の授業において他の生徒と同じように学び、活動できるように、環境や指導方法を工夫することです。美術の授業では、個々の特性に合わせた合理的配慮を行うことで、すべての生徒が安心して制作に取り組めるようになります。

美術教育における具体的な合理的配慮の例

● 道具や素材の工夫

曲線で細かいパーツを切る作業が難しい場合は、直線的な大きめのパーツに変更する。

● 制作方法の工夫

立体制作で彫刻刀の使用が難しい場合は、鬼目ヤスリ、ドレッサー等の仕様変更。

巧緻性（こうちせい）

巧緻性とは、手や指を細かく動かし、器用に使う力のことです。美術や工作では、ハサミを使ったり紙を折ったりするため、巧緻性を高めることが大切です。特別支援教育では、無理なく育てるためにスモールステップを取り入れます。例えば、ちぎり絵・折り紙・ハサミを使った作業などが効果的です。楽しく練習し、指先の力を育てましょう。

ＩＣＴ学習

デジタル技術、機器（ICT）を活用して行う学習のことです。コンピュータ、タブレット、インターネット、電子黒板、デジタル題材などを活用し、より効率的で多様な学びを可能にする教育手法です。

スモールステップ方式

学習や作業を細かい段階、目標（ステップ）に分け、無理なく進める学習方法です。最終的な目標達成までに、一度に多くを学ぶのではなく、少しずつ理解を深めます。そのことにより、つまずきを防ぎながら着実にスキルを身につけ達成感が得やすくなります。

1章

特別支援の美術とは

制作をする前に…授業の準備

授業の準備というと何を思い浮かべるでしょうか？

主に、授業の題材設定、流れ、目標などの「授業計画」。制作のための「題材・材料・道具の準備」などがあります。

どちらも準備する際に費用のことも頭の片隅に入れておきましょう。「**できるだけお金がかからない**」**制作は大切なポイントです。**

また、3R（Reduce〈リデュース〉、Reuse〈リユース〉、Recycle〈リサイクル〉）を意識した題材設定、題材選びもポイントです。身の回りのものをリユース（再利用）・リサイクル（再生利用）して題材に活用することは、どのように扱うかといったアイデアや、自分で考える力を促します。廃材を使用しているので、**失敗を恐れず、思いきった制作ができるのも利点です。**

1　材料・道具の準備

制作に使う道具は、それぞれ道具ごとにまとめてケースに入れておくと出し入れが便利です。準備する生徒も持ち運びがしやすいです。

主な道具

絵の具セット

絵の具は、不透明水彩、アクリルガッシュなどを使います。学校行事で使った大容量の絵の具の余りなども利用しています。絵の具、パレット、筆洗、筆、ハケが絵の具セットとなります。

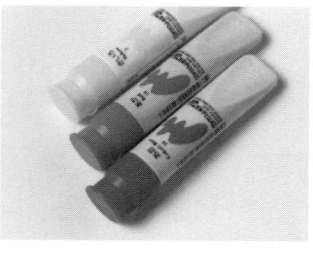

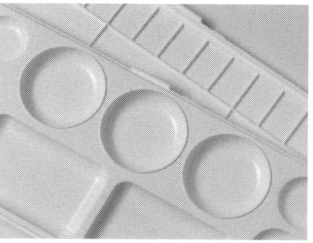

色鉛筆・クーピーペンシル®

色鉛筆は金銀を含む 24 色があると色のバリエーション（濃淡）があり、表現がしやすくなります。クーピーは芯全体が色材でできているため経済的です。また芯が太く折れにくいので、野外授業時に持参でき、筆圧が高い生徒が扱う際にも最適な画材です。

クーピーペンシル® は株式会社サクラクレパスの登録商標です。

紙類

できるだけ廃材を利用します。色あせた色画用紙や印刷された画用紙は立体作品などの模様になり、活用法はいろいろあります。

カラーマーカー

油性ペン　乾くと耐水性になるので、いろいろな素材に描くときや重ね塗りに便利です。

水性ペン　紙に描きやすいです。水に濡れるとにじみます。にじみの効果に使えます。

道具セット

ハサミ……右利き・左利きの両方を別ケースに入れて用意しましょう。

カッター……画用紙・段ボールなどを切ります。使いやすい太さのものを選びましょう。

のり……スティックのり、液体のりの両方があると便利です。スティックのりは手が汚れにくいので触覚過敏の生徒にも有効的です。

セロハンテープ・両面テープ……幅が細いものと普通サイズの幅の２種類を用意すると使いやすいです。接着面が安定してすぐ圧着することができます。

グルーガン……ホットボンドともいいます。熱を使って接着をします。すぐに固定ができるので作品作りに重宝します。

定規……5㎜マスが描いてある方眼定規を使うと使いやすいです。

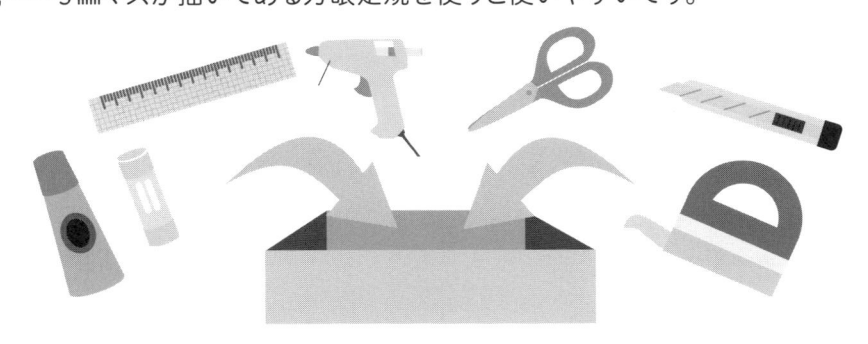

よく使う道具はまとめておくと作業も後片付けもしやすい。

インクルーシブ教育と美術と相性

インクルーシブな活動・教育とは、すべての生徒が一緒に学び、参加できるように工夫をし、成長できるような教育を目指す考え方です。

交流学級では、支援学級の生徒も通常学級の生徒も、同じ教室でお互いに助け合いながら学びます。

支援学級では、生徒の個性や能力を尊重し、一人ひとりに合った支援や学びを実践することが大切です。

体育の授業であれば、ルールなどを工夫し、参加しやすくすることが考えられます。美術の活動では、言葉を使わずに表現することができるので、ジェスチャー、制作活動を通じて、気持ちや考えを伝える「ノンバーバルコミュニケーション（非言語コミュニケーション）」が自然と活用されます。これにより、言葉に頼らなくても生徒同士の理解が深まり、それぞれのペースで制作に取り組むことができます。

インクルーシブ教育の理念である「すべての子どもが共に学び、共に成長する」を、美術の授業は自然に作りあげることができる相性のよい教科なのです。

通常学級と特別支援学級、同じ題材を取り入れる意味

　特別支援学級の生徒の中には通常学級の美術に交流している生徒も多くいます。通常学級で行っている題材で取り入れられそうなものはできるだけ取り入れるようにしています。

　「箸作り」「篆刻」などの立体制作で道具が細分化されている授業では、作品をうまく支えて削ることができない生徒もいます。支える代替案として、版画作業板やバイスを使って支えることができます。篆刻刀の代わりに鬼目ヤスリやドレッサーで削ることもできます。

　何よりも、同じ題材を行うことで、**自分もみんなと同じ学習を経験**しているという安心感・一体感を得られ、自信を持つことができます。

　支援学級の生徒の作品には迷いがなく、自信に満ちた素晴らしい作品が多いです。同じ教室で授業を受けているとき、他の生徒が制作過程を見て、作品についてアドバイスをもらったり聞いたりして交流する姿もよく見られます。コミュニケーションが自然な環境ででき、社会性の能力の向上が期待できます。

ファシリテーターと美術と見守る授業

　教師のファシリテーターとしての役割は、生徒が主体的に学び、成長できるように、円滑にその場を進めるようにサポートすることです。

　一方的にテクニックを伝えるのではなく、生徒が自ら考え、気付きができるように見守り、学ぶプロセスを手助けします。制作のアイデアが出ずに困っているときは、「どうしようか？」とさりげなくサポートし、生徒が試行錯誤しながらできるように導いていきます。

　グループでの鑑賞授業では、楽しく深い学びができるように、自由に自分の意見を出せる雰囲気を心がけています。意見が違っても、「そういう考え方もあるね」と生徒同士が自然に多様性を認め合えるように教えることも大切です。教師は必要なときに必要なサポートをし、生徒が自分のペースで楽しく自己表現できるように、授業作りをサポートする役割を担っています。

誰もができる題材と誰でも教えられる題材設定

　授業の題材設定は、生徒ができるだけわかりやすい題材、教師側も誰でも教えられる題材設定にすることを心がけています。

　題材をスモールステップ方式のわかりやすい設定にすると、生徒たちは「これなら自分にもできる」という自信と安心感を持って題材に取り組むことができます。作品を完成できたことで達成感と自己肯定力を高めて学ぶことができます。

　支援学級は複数の教師で構成されています。美術の授業もTT（ティーム・ティーチング〈Team Teaching〉）の方式をとっています。一人ひとりの生徒に合わせた柔軟な対応をするため、教科外の教師でもTTとして協力しながら授業を進めます。教えやすい題材を設定することで、美術の専門知識がなくても生徒の創作意欲を引き出すことができ、教師が自信を持って安心して生徒をサポートすることができます。教師は生徒一人ひとりにきめ細やかなサポートをすることができ、生徒たちが楽しく学べる環境を作ることができます。

授業をする前に必ず見本作品と参考作品を

　授業を始める前の導入として見本作品、参考作品を見せることを心がけています。見本作品は ICT と実物の両方を活用しています。

　ICT の活用としては、参考資料を提示すると、同じ題材でも違う見方のイメージ、多様な技法、アイデアなどを短時間で知ることができます。動画であれば制作手順や技法の情報を視覚的に確認し理解できるので、非常に有効な方法です。

　制作中も見本作品、参考作品を展示することによって、質感、技法を出したいときには直接展示場所に行って質感や細かい技法、立体感を生徒が直接感じ取ることができます。これにより、色合いや素材の使い方、陰影の表現など、画面では伝わりにくい部分をしっかり理解することができます。

　また**見本作品、参考作品があると、技法やアイデアに興味がわき、制作意欲を引き出しやすくなります**。触覚優位・視覚優位の生徒も触覚情報・視覚情報を通じて感覚的に理解しやすく、深い学びを得るための非常に有効なツールです。

> ▌**見本作品**……教師が制作した作品見本。
> ▌**参考作品**……以前、生徒が制作した作品。

モダンテクニックをはじめの授業で

　特別支援美術のはじめの授業で「モダンテクニック」を題材にすることは、1年かけて授業をするうえで有効的なカリキュラムです。

　モダンテクニックは自分の意図的表現とは異なり、偶発的にできた模様や形を取り入れた表現技法です。種類としては「スパッタリング」「マーブリング」「デカルコマニー」「コラージュ」「フロッタージュ」などがあります。

　これらの技法はあそびの要素を取り入れやすく、生徒たちの興味を引き出し、**楽しみながら自然に学びの意欲を高める効果**があります。**実験的なアプローチの技法のため失敗は少ないです**。表現技法・作業手順を独創的に自由に編み出すことができ、一人ひとりに合った創作活動が可能です。リラックスした制作時間で作業ができるため、生徒同士のコミュニケーションも活発になり、協調性や社会性を育むことが期待できます。

　モダンテクニックは、基礎的な道具の使い方で、大胆に体全体を使った作業ができることから、五感を刺激して感覚統合を促進させる授業展開も可能です。

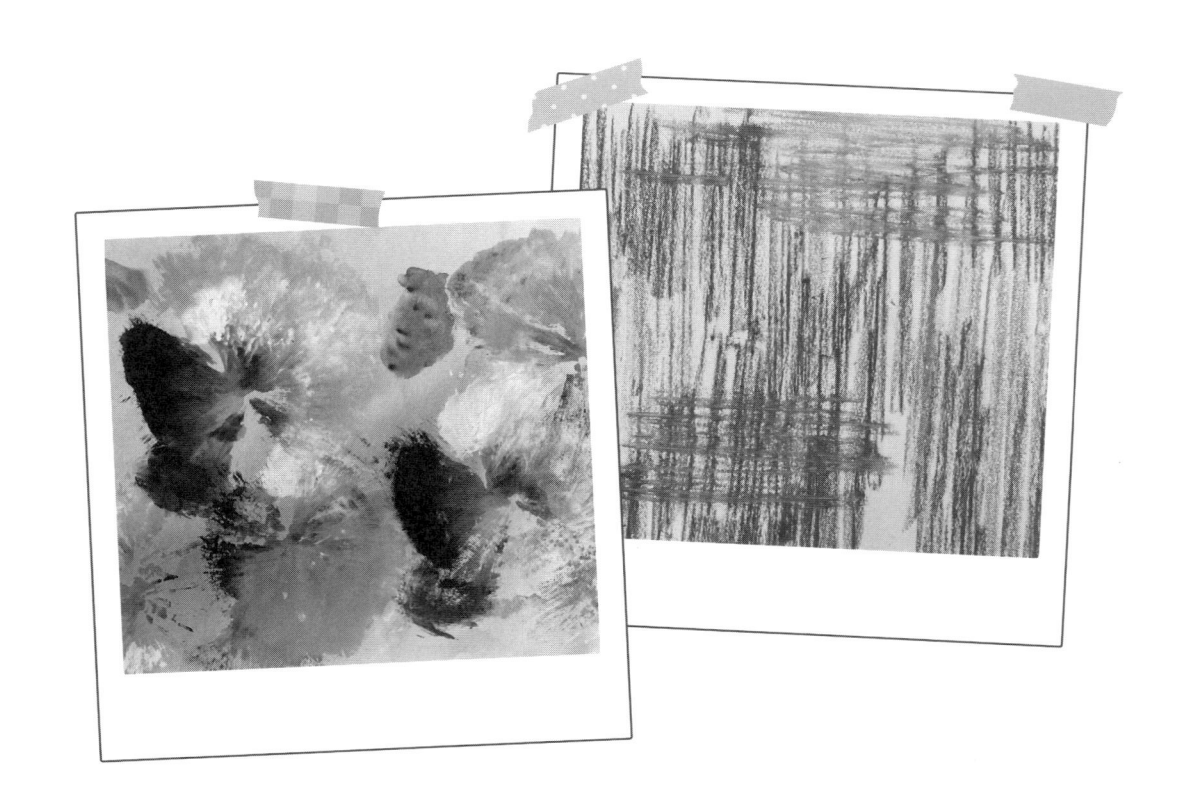

スモールステップで共同制作からの協働制作

　スモールステップとは、大きな題材・目標を小さなステップ（段階）に分けて取り組む方法です。簡単なことから始め徐々にステップアップすることで、生徒たちが無理なく楽しく、学びを進められるように工夫された指導法です。

　共同作品を作る際は、スモールステップとして個人作業から作品を作っていきます。個人作品のメリットは、自分のペースで自由に表現できることにより、達成感や自己肯定感を高められる点です。**自力で作品を完成させる経験**は、自信をつけさせる大切なステップとなります。

　次のステップは個人作品を集めた共同作品の制作です。共同作品を作るには"協働"の要素が重要で、生徒たちは自分が作ったパーツが作品全体の一部になることを学び、**仲間と一緒に作り上げる喜びを感じます**。協働による作品作りは、自分の作業が全体にどう繋がるかを理解する機会となり、協調性や社会性を学ぶことができます。

　協働で共同作品を完成させると、「自分が**チームの一員**として頑張った」という達成感を生徒全員が共有します。このプロセスは、他の生徒と一緒に何かを成し遂げる楽しさや大切さを実感できる貴重な経験となります。

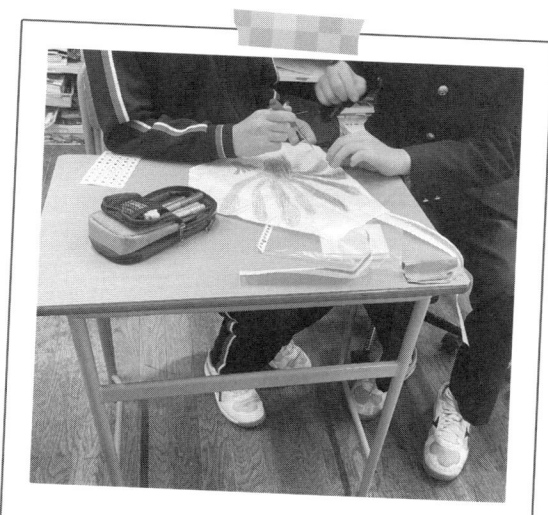

年間授業計画はざっくりと？

　年間授業計画は年度始めに、1年間を通してどのようなことを学び、どのようなスキルを身につけてほしいのかを明確にすることで、授業の進行を見通すことができます。これにより教師も生徒も無理なく学習を進められ、時間にも余裕がある指導ができますが、実際は予定通りにならないこともあります。

　特別支援学級の生徒は一人ひとりペースやニーズが異なるため、柔軟に対応できる計画が求められます。ざっくりした計画であれば、個別のニーズに応じた指導がしやすくなります。年度の途中、生徒の興味や学びの進み具合に合わせて変更が可能になり、内容やアプローチを変えても生徒たちが楽しみながら学び、成長できる内容に無理なく移行できます。

　教師も細かい計画に縛られることなく、その時々の状況に応じて、予期せぬ変更内容に臨機応変に対応できます。

2章

造形あそびで画材に親しもう

音楽に合わせてノリノリ制作！
どれだけ長い線を描けるかな？

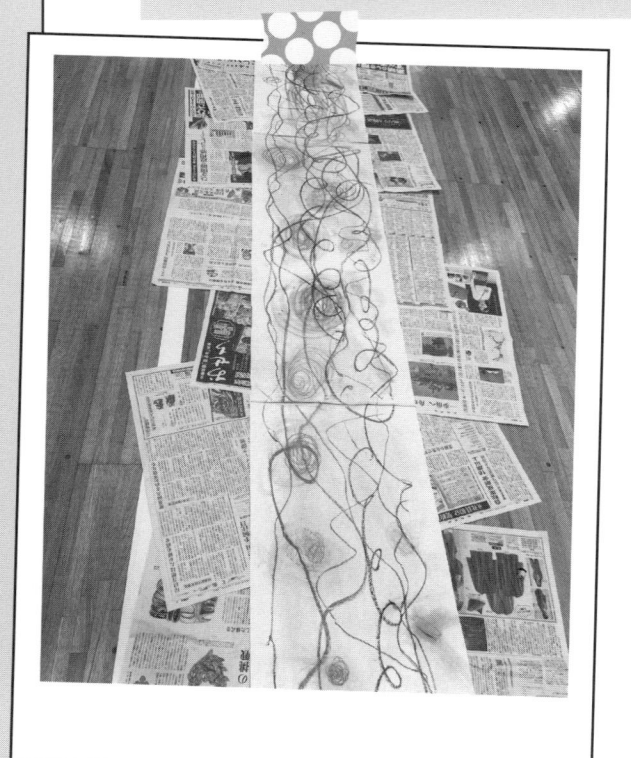

題材について　　レベル：★☆☆

　ここ数年、初めての美術の授業にこの題材を選んでいます。「造形あそび」の要素を取り入れた授業です。共同の作業ができるように、準備の段階で「じゃんけん列車ゲーム」ならぬ「紙はり列車ゲーム」を取り入れ、これによりコミュニケーションが自然に生まれます。曲に合わせて体全体を使って作業するので、感覚を刺激する要素もあります。

材料

模造紙　クレヨン　カラーコンテ　養生テープ
ペーパータオル　道具セット　音楽

準備

① 1人に1枚、模造紙を配布し、模造紙を半分に縦折りする。このとき角と角をきちんと折れるように「指アイロン」の説明をする。
② 紙を切る。
③ 切った紙を両面テープで貼り合わせて長い紙にする。
④ 長い紙を生徒同士でドッキングして1枚の長い紙にする。

「指アイロン」とはしっかり折り目をつけるときの言葉がけだよ。

進め方

① 生徒それぞれのスタートラインを決める。

② 曲のテンポ、音の強弱に合わせてクレヨンで自由に線を描く。

③ 次に、ペーパータオル、カラーコンテを持ち、曲に合わせて円を描いたり擦ったりする。

補強に養生テープを裏に貼ろう！

ポイント

選曲のポイントは、テンポがあり、曲の強弱がある運動会でかかる曲がおすすめです。

ビー玉コロコロ
モダンテクニックであそぼう

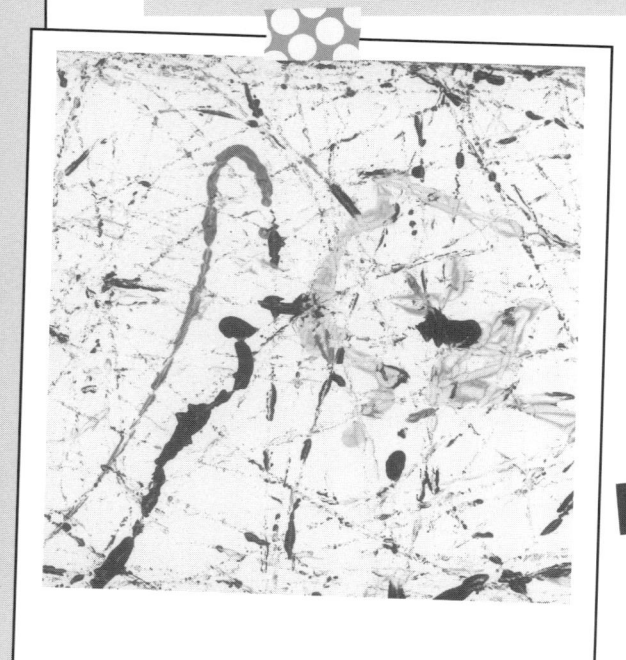

題材について　レベル：★☆☆

　造形基礎の「モダンテクニック技法」のひとつです。段ボール箱の中で絵の具をつけたビー玉を転がすことによって、「造形あそび」のようなことができます。抽象表現なので自由に作業をすることができます。

材料　■■■■■■■■

段ボール箱（A3 コピー用紙の段ボールのふた）
ビー玉　画用紙　絵の具セット

■■■■■■■■

進め方

① 段ボール箱の中に画用紙を敷く。
② パレットに絵の具を出し、ビー玉を転がして絵の具をつける（絵の具が硬い場合は水を少量入れる）。
③ 違う色をつけたビー玉を2〜3個、段ボールの中に同時に入れて転がす。

ポイント

絵の具は筆などでビー玉にしっかり塗ると色がつきやすいです。

絵の具でマーブリング
モダンテクニック〜マーブリング

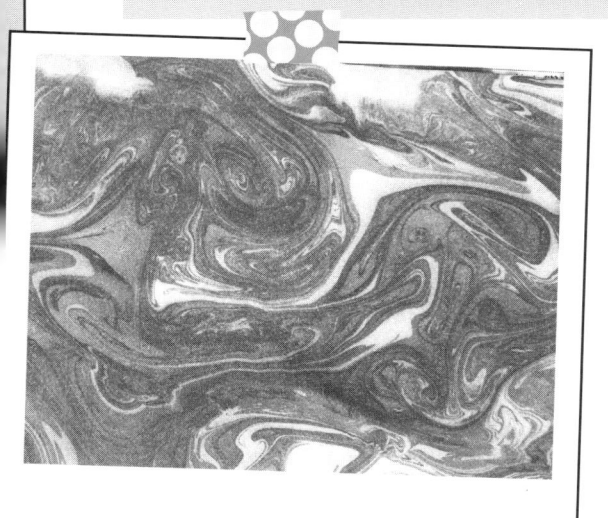

題材について

　マーブリング専用の絵の具を使うと簡単に作業ができますが、コスト面から「アクリルガッシュ絵の具」を使います。絵の具水をそっと入れる→水面を竹串で引っかくように模様を作る→絵の具水の上に紙をそっと置く→紙をつまんで引き上げる。これらの作業は指先の巧緻性を鍛える題材です。手元の作業が難しい生徒は、教師が一緒にサポートしてください。紙をつまんで引き上げるのが難しい場合は、トングなどを使って引き上げるとつかみやすいです。

材料

アクリルガッシュ絵の具　絵の具セット　紙コップ　調理用バット（揚げ物用くらいの大きさ）　ケント紙　竹串　水　洗濯のり　台所洗剤　スポイト

進め方

① 紙コップに絵の具、台所洗剤3滴、水を足して絵の具水を作る（3〜5色。ウスターソースくらいの濃さ）。
② バット半分の深さまで水2、洗濯のり1の割合でバット水を作る。
③ バット水に絵の具水をそっと1滴ずつ入れる。何色か入れた後、水面を竹串で撫でるように混ぜる。
④ バット水の上に紙をそっと置き、そっと引き上げる。

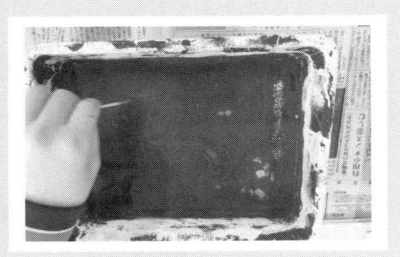

ポイント

絵の具水はスポイトを使うときれいに入れられます。

お散歩で発見！凸凹スクラッチ模様
モダンテクニック～フロッタージュ

題材について　　レベル：★☆☆

　校庭など、外に出て制作をします。生徒たち
は、教室外の授業、五感を使っての題材は大好
きです。この授業は発見が大切です。いつもの
なんとなく見ている壁かもしれません。けれど
も、さわり擦って気に入ると、「ここの凸凹いい
感じだよ～！」と発見を他の生徒に教える場面
が見られます。教師も一緒に凸凹を発見して制
作をしてください。

材料

色鉛筆（クーピーペンシル®）　画用紙

進め方

地面や壁など凸凹した表面に紙をのせ、色鉛筆を斜め
に当てながら紙を擦る（スクラッチする）。

ポイント

　1色で凸凹を擦るのではなく、2色以上で
他の凸凹を重ねて擦ると作品の完成度が上
がります。

ブラシでシュシュシュ
モダンテクニック〜スパッタリング

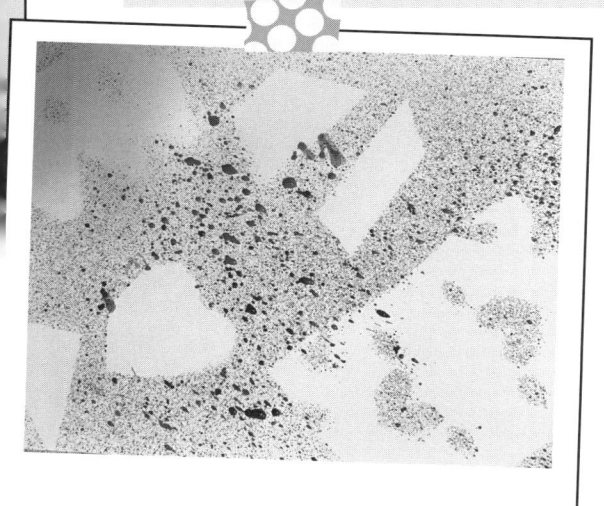

題材について　レベル：★☆☆

　歯ブラシを網で擦ると細かい霧のようなしぶきができます。通常学級でも抽象表現の授業で行う題材で、画材が筆でなく、網を使うので、目新しさもあって人気の技法のひとつです。スパッタリング網を使いますが、ない場合は、ザル網や、すくい網などでもできます。

> 切った紙を置くと
> 模様ができる！

材料

絵の具セット　スパッタリング網　歯ブラシ　画用紙　廃材紙

進め方

① パレットに絵の具を溶く（中濃ソースくらいの濃さ）。
② 網を画用紙から15cmほど離し、上から絵の具をつけた歯ブラシで擦る。絵の具をつける量はブラシの毛先につく量が適量。

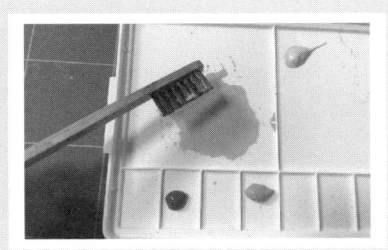

何色か色を重ねてみよう。

ポイント

絵の具がついた歯ブラシを指で直接弾くと勢いのある作品が作れます。

染め物屋さん、呉服屋さんになろう
色水で紙染めあそび

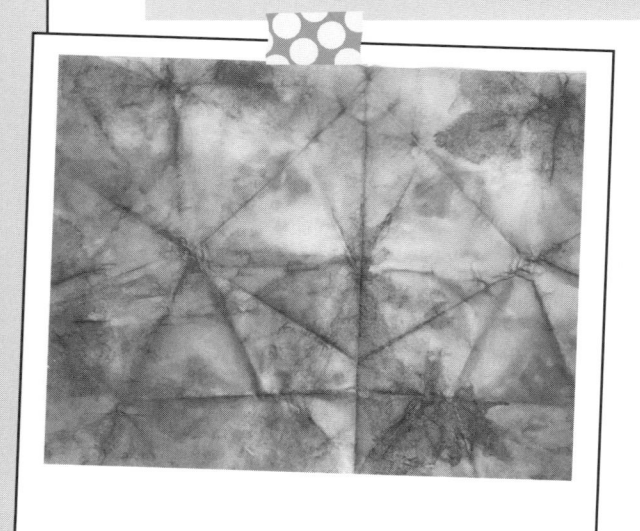

題材について　レベル：★☆☆

　色水で紙を染める題材ですが、紙をしっかり折ることを学び、指先の巧緻性を鍛える題材にもなっています。紙を丁寧に折る作業はこの先の題材でも多く出てきます。スモールステップとしてまずは四つ折りなどで「角と角を合わせる」「しっかり折り目をつける」ことから始めてください。私は通常学級でも「指アイロンするよ〜」の言葉で指導をしています。「指アイロン」は生徒たちに浸透していて、紙を折るときは生徒が口にしながら作業をします。

材料

　和紙または半紙（厚口）　絵の具セット　紙コップ　水

進め方

① 和紙を四つ折りにする。
② 紙コップに色水を作る（3 〜 5 色。ウスターソースの濃さ）。
③ 四つ折りの角や端に色水を吸いこませる。

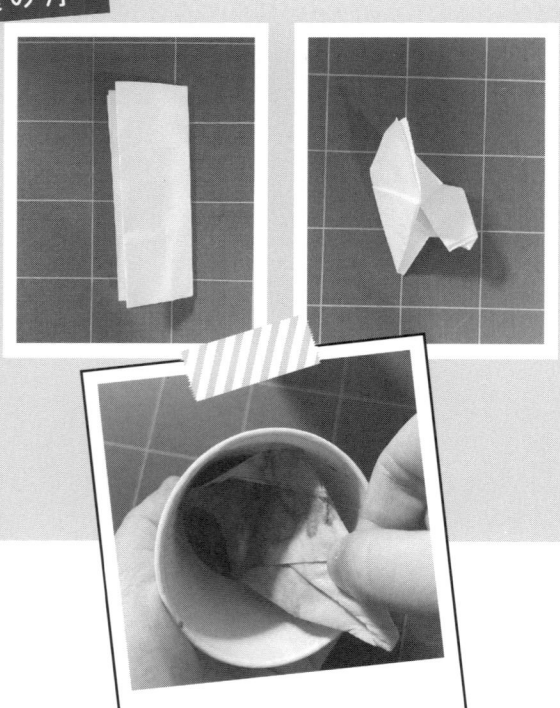

> 折り方の練習をしよう！

ポイント

「四つ折り」「三角折り」などいろいろな折り方をしてみてください。

なみなみに切って
美術館にある額縁を作ろう

題材について レベル：★☆☆

　3R（リデュース、リユース、リサイクル）を扱った題材です。描いた作品をそのまま並べるのもひとつの展示方法ですが、せっかく作った作品なのでもっと見栄えのある作品にしたいです。額縁があると作品がより引き立ちます。画用紙の切れ端などの廃材を利用して額縁を制作します。ふだんの授業から環境を大切にする気持ちが育成されます。

材料

制作物　画用紙・ケント紙などの廃材
色鉛筆　クレヨン　油性ペン　目玉シール
道具セット

進め方

① 縦幅10㎝前後の紙を用意する（画用紙などある程度厚みがある紙が良い。本制作時は廃材などを利用するため、色・サイズは統一されていない）。
② 紙の上1/3の高さに波線をひき、ハサミで波線を切る。
③ 切った紙に木の模様を描く。
④ 作品の周りに額縁を両面テープで貼る。

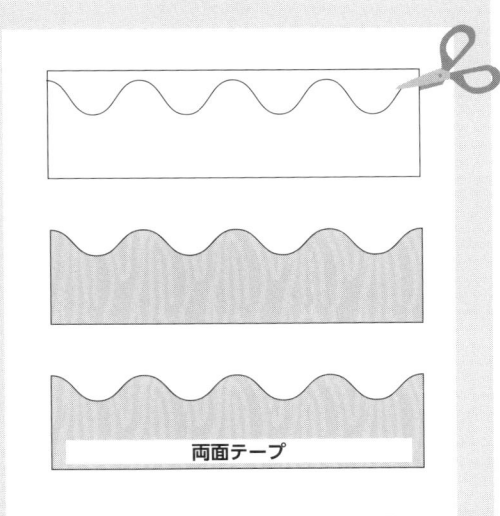

両面テープ

机や床の模様を観察して、描いてみよう。

ポイント

油性ペンで年輪を描き、後から色鉛筆などで色を塗ると制作しやすいです。

私も額縁職人
最高の名画を飾ります

　この題材は、P41の「なみなみ額縁」の発展題材として実施しました。ステンドグラス制作の際に生徒から「かっこよく飾りたい」という声が上がり、12月の授業で取り入れたものです。作業に慣れてきたことから、細かい指示はせず、「自分の力で最高の額縁を作る」という方針で進めました。

　また、再利用した段ボールを使用することで、失敗してもやり直せる安心感を持たせました。この題材を通じて、生徒が主体的に学び、ものづくりの楽しさを実感できることを目指しました。

　授業では、段ボールの特性や額縁の構造について説明し、生徒自身が設計し、適した材料を選んで制作しました。できるだけ教師の助けを最小限にし、自ら考え、試行錯誤することで創造力や問題解決力を養うことを目的としました。

材料

段ボール　カラーマーカー　道具セット

進め方

① 教室の配置（道具の置き場所）、段ボールの構造、道具の使い方などを説明する。
② 生徒主体で作業をする。

カッターも使ったよ。

ポイント

段ボールなど材料をバイキング形式で1か所に置くと作業しやすいです。

設計をするタイプ。

段ボールの波バージョン。

パーツをたくさん貼る。

すてきな額縁が
たくさんできたよ。

授業時間がちょっと余ったら何をする？

　予定よりも早く授業が進んでしまい、時間が余った場合どうすれば良いでしょうか。

　振り返りとして教師が感想を伝えたり、インタビュー形式で本時の感想を生徒に聞くのも有効な使い方です。教師が記者の真似をして、手をマイク代わりにインタビューすると生徒も楽しく答えることが多いです。

　おすすめのアクティビティをひとつ紹介します。

　ちょっとした余り時間に通常学級・支援学級の両方で行うゲームがあります。「しりとり」です。ルールは誰でも知っていて簡単。短時間であそべるうえ、語彙力や思考力の向上につながります。

　一番大切にしていることは、「クラス全員」による「協働」です。

　ルールの難易度を調整できるのも魅力です。最初は同じ単語が出てきても良しとします。教室にいる生徒・教師全員が参加し、しりとりをつなげてゴールすることで達成感が得られます。

　慣れてきたら徐々に難易度を上げていきます。「同じ単語は言えない」から始まり「食べ物シリーズ」などテーマを絞ったりします。

　授業が2、3分早く終わったときにだけ行っていたアクティビティが、今では毎回行いたいアクティビティになっています。やがて生徒たちは制作の片付けがテキパキとできるようになり、自分の片付けだけでなく、全体の片付けもできるようになっていました。

3章

作品を作っていこう

カットとペンでフラワー

　紙折りとハサミの練習になります。紙を重ね折りすると厚くなりハサミで切るのが難しくなります。しっかりと折った四つ折りから始めるとスムーズに制作することができます。ハサミは歯先よりも歯元を使うようにして、カーブなどの練習をさせてください。ハサミがうまく使えなくても、どんな切り方でも失敗の少ない題材になります。作品を最後まで完成させ達成感を味わわせましょう。

材料 ■■■■■■■■

　和紙（廃材など。正方形にする）　水性ペン　絵の具セット　水　道具セット

■■■■■■■■■■

進め方

① 紙を四つ折り、六つ折りなどに折る。
② 切り落とすところをペンで描きハサミで切る。
③ 紙を広げ、中心に向かってペンで円模様を描く。
④ 水を含ませた筆で模様をなぞると、にじんだ花ができる。

ポイント

　ペンで模様を描くときは、中心から放射状に同じ柄・線を入れていくと、完成度が上がります。

ふんわりオーナメント
空間飾り

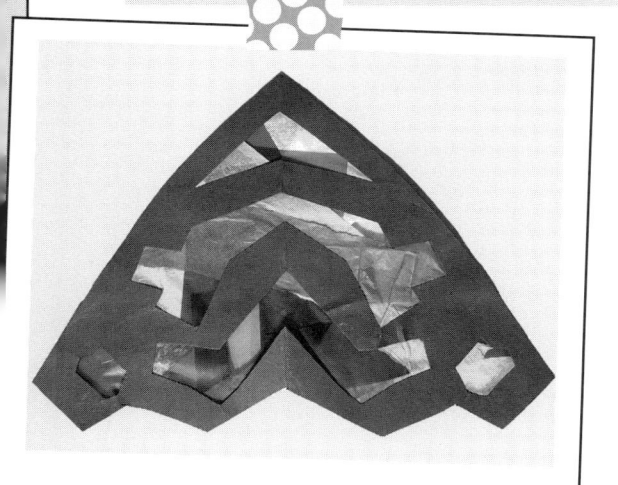

題材について　**レベル：★☆☆**

「カットとペンでフラワー」（P46）のカットを応用した作品です。短時間で完成できるため、集中力の持続が難しい生徒には最適な題材です。ペーパーオーナメント作品ですので、季節の飾りに合わせた形・色彩にすることもできて、汎用性の高い題材になっています。

材料

黒画用紙　透ける素材紙（お花紙　トレース紙　セロファン用紙）　道具セット

進め方

① 黒画用紙を2枚重ねて四つ折りし、ハサミで形を切る。
② 黒画用紙1枚の穴が空いている部分に透ける紙を重ね、のりで貼る。
③ もう1枚の黒画用紙を重ねて、のりで貼り合わせる。

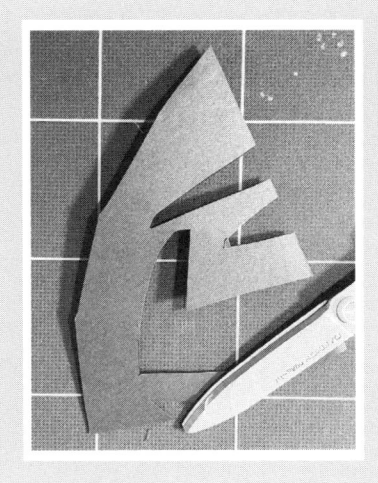

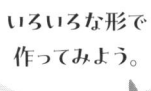

いろいろな形で作ってみよう。

ポイント

透ける紙を複数枚重ねて貼ると幻想的な色合いになります。

指が筆です。
お花を描いてみよう

　花など身近なモチーフは興味を持ちやすく、表現の幅が広がり、制作をしやすいという利点があります。花を絵の具で描く導入として、筆ではなく指で描く方法をとりました。指に直接絵の具をつけて描く利点は、道具を使うのが苦手な生徒でも思いきった作品ができることです。触覚過敏の生徒には、ビニール手袋を用意するなどの合理的配慮をしましょう。

材料

画用紙　絵の具セット　綿棒　ビニール手袋

進め方

① パレットの四隅（真ん中は開けておく）に、それぞれ別の色を出す。
② 人さし指（第1関節）に絵の具を1色つけ、その上から2色めをつける。
③ 紙をなぞり弾くように花びらを描く。
④ 花の真ん中に、花芯を指（綿棒）でスタンプして描く。

花びらの色は
2色くらい
重ねるといいよ。

絵の具は
たっぷり
指につけよう。

ポイント

指に絵の具をつけるときや花びらを描くとき、
外側から内側に指を動かしたり、逆に内側か
ら外側へ描くと完成度が上がります。

綿棒で花芯を
スタンプするよ。

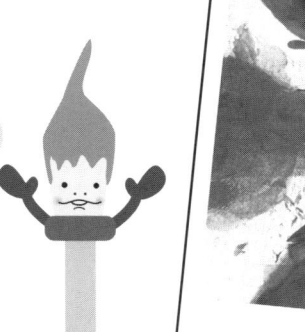

3章 作品を作っていこう

49

風船フラワー
モダンテクニック〜スタンピング（型押し）の応用

　あそびの要素を取り入れた題材で、ポリ袋をふくらませたり、スタンプする作業は楽しみながらできます。ポリ袋を風船に見立てます。空気を吹きこむ作業では、口をすぼめる・指でつまむなど巧緻性が必要となるため、合理的配慮が必要になるかもしれません。ポリ袋がふくらまない場合は、ポリ袋の口にストローをさして空気を入れやすくする、空気ポンプで入れるなどがあります。

材料

　ポリ袋（スーパーにある小分け袋くらいの大きさ）　画用紙　絵の具セット
輪ゴム　綿棒

進め方

① ポリ袋の底を輪ゴムでしばり、裏返す。
② ポリ袋の口をすぼめて空気を吹きこみ、輪ゴムでしばる。
③ パレットの上に円形に、数色の絵の具を出す。
④ 風船をねじるように絵の具に押しつける。回しながら押しつけると良い。
⑤ 画用紙に風船をねじるように押しつける。
⑥ 綿棒で花芯の模様をつける。

パレットの上で
絵の具は
まぜないよ。

ポイント

空気を入れにくい場合は、ポリ袋の口に
ストローをさすと入れやすくなります。

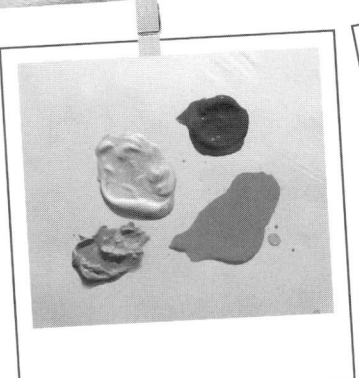

最後に
葉っぱを描こう。

線を足すと完成度がUP！

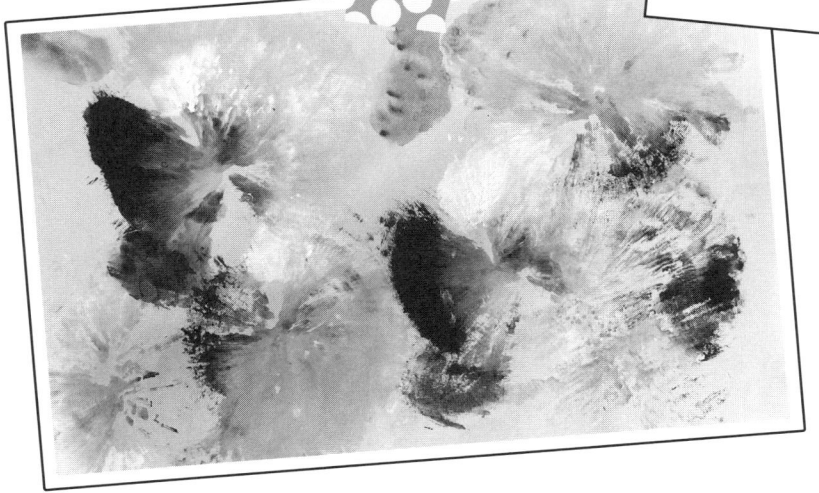

昆虫デカルコマニー
モダンテクニック～デカルコマニー

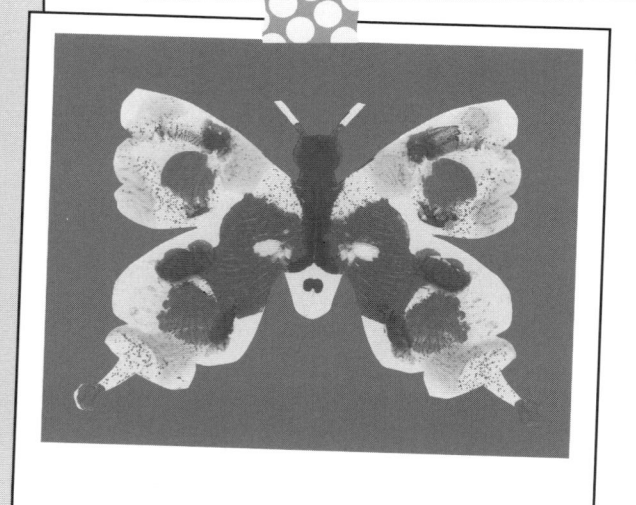

題材について　レベル：★☆☆

　紙の片側に絵の具をつけ、半分に折って開くと、シンメトリー（左右対称）の模様になります。この特徴を生かして昆虫のデカルコマニー作品を作ります。昆虫の型紙作りはハサミの練習になります。昆虫の型紙（半身）を画用紙に重ねて2枚一緒に切る作業が難しい場合は、ホッチキスなどで画用紙を閉じて切らせるとわかりやすいです。最初はてんとう虫など形が複雑でないものから切る練習をすると良いでしょう。

材料

昆虫の型紙　画用紙　絵の具セット　道具セット

進め方

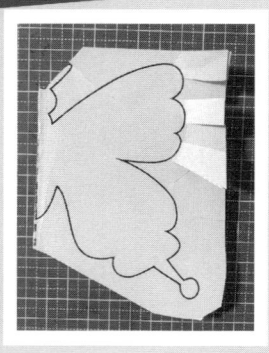
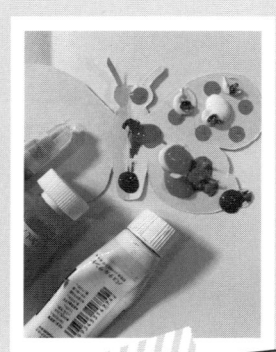

① 型紙を表にして画用紙と重ねて2つ折りにしてハサミで切る。
② 2つ折りの片方にだけ絵の具を直接つける。
③ 紙を閉じ、バレンや手で円を描くように擦って絵の具をなじませる。
④ そっと開く。

複雑な線などは、ガイドの切りこみなどを入れると切りやすいよ。

昆虫の型紙（P94）
（右のQRコードからもダウンロードできます）

ポイント

型紙の形を切るのが難しい場合は、直線などにして簡単にしましょう。

花と昆虫の展示をしよう

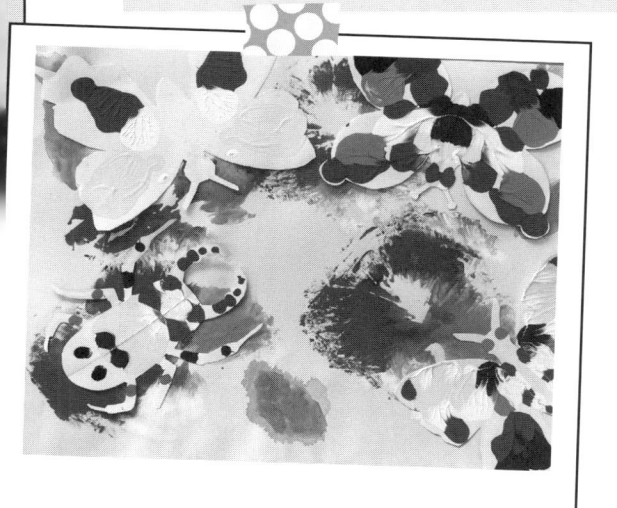

題材について　レベル：★☆☆

　できた作品はちょっとしたアイデア、まとめ方で見栄えの良い作品になります。展示された作品が良いと、生徒の制作意欲が高まり自信もつきます。「風船フラワー」（P50）と「昆虫デカルコマニー」（P52）は同じモダンテクニックで仕上げているので作品もまとまりやすいです。

材料 ■■■■■■■■■■■

　モダンテクニックで制作した作品（花・昆虫）　道具セット

進め方

① 花作品の上に昆虫を配置する。

② チョウは中表に折り、胴体にのりづけする。甲虫は外表に折り、胴体の両端にのりづけする。

③ 他の昆虫も貼る。

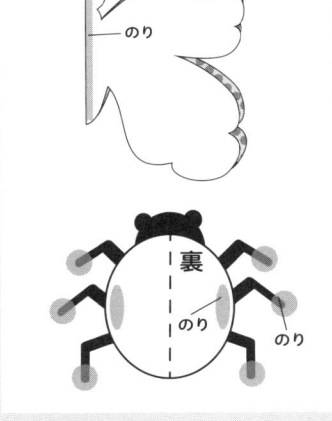

裏　のり

裏　のり　のり

ポイント

画面からはみ出しても、動きがある作品に見えるので自由に貼ってください。

お外でお絵かきお散歩
ステンドグラス

題材について　レベル：★☆☆

　野外制作は、生徒にとって開放的な環境の中で楽しめる題材のひとつです。屋外での活動は開放感を楽しむことができ、制作の指示も比較的受け入れやすくなります。写生の題材では、じっくり観察しながら描くことが求められ、忍耐力が必要であり、見たものをそのまま描くことが難しい生徒もいます。そのため、自ら描くモチーフを探す「探究」の要素を取り入れることで、制作の負担を軽減しながら学びを深める工夫をしています。

　また、ステンドグラス風の作品として、透明なビニール袋に油性ペンで描く制作も行います。細かい描写の再現は難しくても、自由な表現を楽しむことができます。本題材は、42ページで紹介する額縁アートへとつなげ、展示作品として発展させました。

材料

写生

　　スケッチ画板（クリップボード可）

　　画用紙　鉛筆

ステンドグラス

　　透明ビニール袋（厚め）　段ボール

　　アルミホイル　道具セット

進め方

写生

① 校庭に出て好きな植物を描く。

ステンドグラス

① ビニール袋の底、両横を切って2枚にする。

② ①の表に、油性ペン（黒）で外で描いてきた絵を写す。

③ 裏に油性ペンで色を塗る。

④ 段ボールをビニールより少し小さめに切る。

⑤ アルミホイルを段ボールより2周り大きく切り、ふわっと丸め伸ばす。

⑥ アルミホイルを段ボールにかぶせ、裏側に折り込みセロハンテープでとめる。

⑦ 絵を描いたビニールを上からかぶせて、裏側に折り込んでセロハンテープでとめる。

映像の原理を ソーマトロープで学ぼう

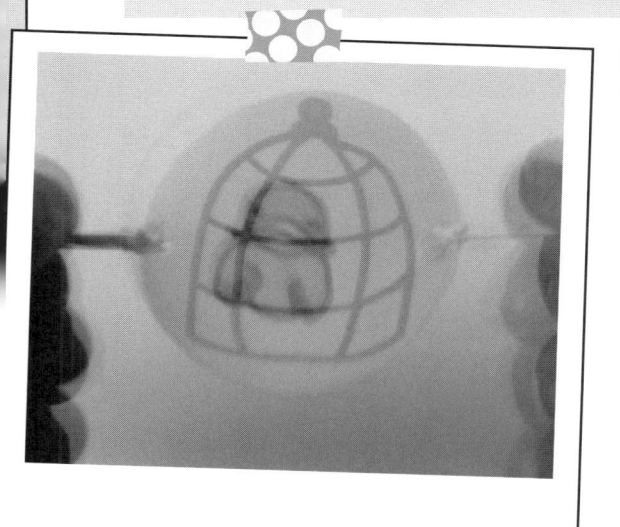

題材について　レベル：★★☆

　通常学級でも映像の授業として取り上げている題材です。ソーマトロープはアニメーションの原理を理解するための題材です。円盤の表裏に異なる絵を描いて回転させると、2つの絵がひとつの動きとして見える現象を利用したものです。例えば、片面に鳥カゴ、もう片面に鳥を描いて回転させると、鳥が鳥カゴにいるように見えます。ソーマトロープは短時間で制作でき、簡単な材料で作れます。視覚的な刺激と楽しさがあるので、出来あがると、お互いに作品を披露する姿が見られ、コミュニケーションの向上が図れる題材となっています。

材料

板紙　カラーマーカー　色鉛筆　輪ゴム2本　キリ　道具セット

進め方

表　　　　　　　　　裏

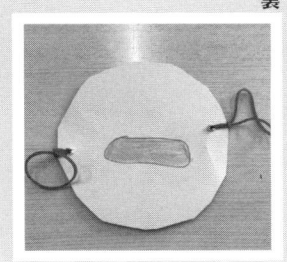

① 板紙に円を描き、切る（円の大きさは、ガムテープの芯の内周ぐらいの大きさ）。
② 裏表に絵を描く。2コマアニメーションであることを意識して絵を描くように提案する。例）鳥カゴと鳥など。
③ 板紙の両端に穴を開け、輪ゴムを通して結ぶ。
④ 輪ゴムを伸ばしながら回す。

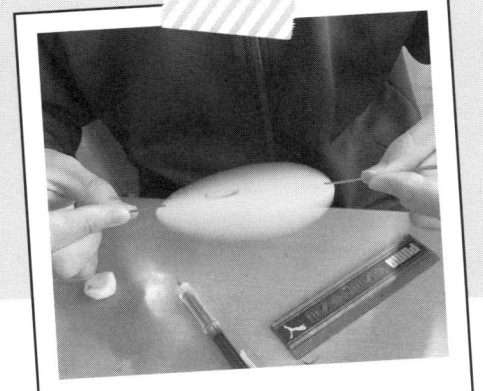

表　　　裏　

ポイント

絵は裏表逆さに描きます。

SDGs！×美術
ランプ制作

題材について　レベル：★★★

　「SDGs（持続可能な開発目標）」が発足され、学校でも学習題材として取り上げられるようになりました。本題材では、美術を通じて SDGs の目標 12「持続可能な消費と生産のパターンを確保する」を理解し、「3R（リデュース・リユース・リサイクル）」と関連付けています。学校にはリユースできる紙の廃材があります。自由な発想で再利用することで、創造力の向上につながります。廃材は使い方に制限がないため、失敗を恐れずに制作をすることができます。自分の好きな形にするために試行錯誤することで、集中力や発想力を高めることができます。

材料

風船　軽量粘土　廃材紙　洗濯のり　木工用ボンド　置き型工作用ランプ　道具セット

進め方

① 「SDGs って何だろう？」の説明をする。
② 紙を適当な大きさ・長さにちぎる。
③ 風船をふくらませる。
④ 軽量粘土をよくこねてのばし、風船に巻きつける。
⑤ 洗濯のりにボンドを混ぜてのりを作る。
⑥ 紙の廃材をのりに両面浸し、風船に貼る。
⑦ よく乾いたら、風船を割って形を整える。

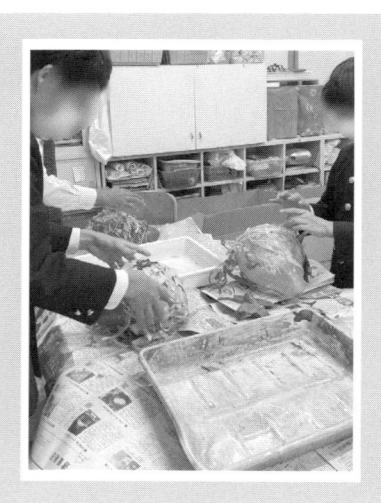

ポイント

軽量粘土を風船に巻きつけるときは、しっかりと粘土をのばし、糸状にして巻きつけます。

マイ箸を作ろう

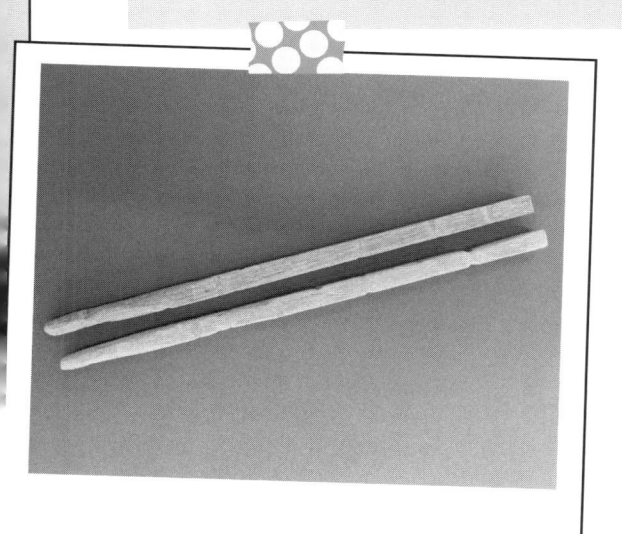

題材について　レベル：★★★

　通常学級の中学1年「工芸の領域」で制作している題材です。箸を削る・磨く・ニスを塗る工程は、細かい指先の動きが要求され、手指の巧緻性を高める訓練となります。自分で作った作品を日常生活で活用することで、学習の成果を実感し、自信を深める機会にもなります。刃物を使うので合理的配慮が必要になることもあります。刃物を安定させて削るのが難しい場合は、版画作業板を使い、角に箸を押しつけると削りやすいです。

材料

箸キット　カッター　小刀　鬼目ヤスリ　紙ヤスリ（#80・#800）
食品加工適合ニス　版画作業板

進め方

① 箸のデザインを下紙に描く。
② 箸を削る。節がある場合は無理やり削らず、ヤスリで節を磨くと箸が折れずに済む。
③ ある程度削って形ができたら、紙ヤスリで箸を磨く。
④ ニスを塗って仕上げる。

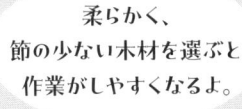

柔らかく、
節の少ない木材を選ぶと
作業がしやすくなるよ。

ポイント

刃物の扱いが難しい場合は、鬼目ヤスリの丸型などを使うと、力を入れなくても凸凹模様をつけることができます。

墨でタコを描こう！

　水墨画の導入の題材です。筆の運筆の練習になります。また、墨汁は絵の具に比べて質感がサラッとしているため、筆と紙の摩擦がなく非常に描きやすいです。これらの利点から授業の制作スピードも早くできる題材となっています。授業では、書道の授業を連想しないよう道具の扱いは気をつけましょう。書道の筆は扱いにくいので使用しません。墨汁は教師が用意し、筆も絵筆にしましょう。描く際、習字の止め・ハネを意識する生徒も多いです。教師がはじめに自由に大胆に筆を動かして作品見本を描いて見せてあげてください。

材料

コピー用紙・和紙　墨汁
絵の具セット

進め方

① パレットに「濃墨・中墨・淡墨」を作る。

濃墨：墨汁濃度 100%

中墨：墨汁濃度 30%〜 50%

　　　濃墨から筆先に墨汁を触るぐらいつけて、水で薄め中墨を作る。

淡墨：墨汁濃度 10%〜 20%

　　　中墨から筆先に墨汁を触るぐらいつけて、水で薄め淡墨を作る。

② 中墨で全体を自由に描く。

③ 濃墨・淡墨で陰影をつける。

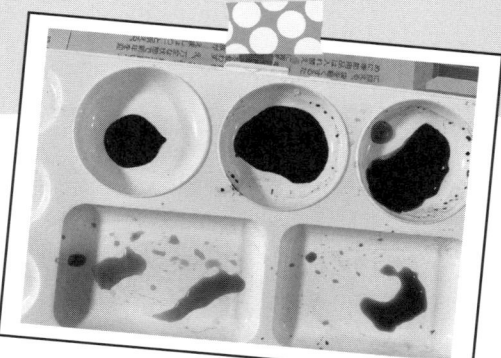

深夜の動物園と水族館

　まるで暗闇に絵が浮かび上がって見えるかのような、仕かけあそびを取り入れた作品です。仕かけあそびを学習に取り入れるメリットはいくつかあります。自分で作った作品であそびたいという気持ちが学習意欲・探究心の向上に繋がります。絵の具を使わずに制作できるので、触覚過敏がある生徒でも取り組める作品になっています。

材料

A4 クリアファイル 1/2　下書き用紙　黒画用紙　板紙　油性ペン　道具セット

進め方

① クリアファイルを半分に切り、冊子開きの形にする。
② 下書きした絵をファイルに挟み、ファイルの上から油性ペンで線を描き写す。
③ ファイルの裏側に油性ペンで着色する。
④ 板紙にライトの光の形（円すい形）の絵を描いて切る。
⑤ ファイルに黒画用紙をはさみ、黒画用紙とファイルの間にライトの絵をはさむ。

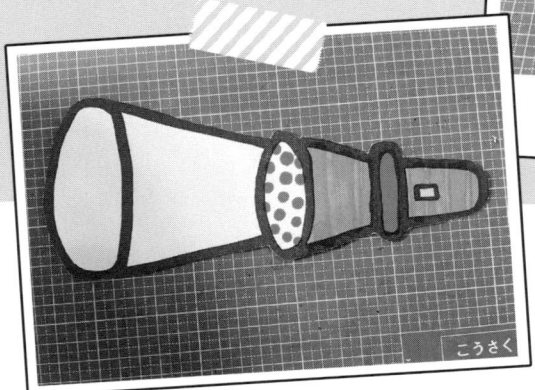

動物か魚か
好きな方を
描くといいよ。

ポイント

光の大きさは大きめに作ると作品が見
やすくなります。

油性ペンで
重ね塗りをすると
きれいだよ。

3章 作品を作っていこう

ボタニカルアートに挑戦

題材について　レベル：★★★

　葉脈標本にした葉と、「染め物屋さん」（P40）で制作した和紙を、金の台紙に貼りつけ、日本の掛け軸を意識した作品を作ります。以前、葉脈標本でしおりを作った話を生徒から聞き、この題材が考え出されました。

　葉を採取する授業は、探求を目的にした授業にしました。題材を行う際は、「どの葉が葉脈標本に向いているのかな〜」と声かけをして葉採取をしてください。自然と生徒同士で相談しながら採取します。物事を考える探究心・協調性が培われます。葉を煮る作業で葉が溶けてしまったら、「どうして葉は溶けたのか」を一緒に考えることまで行うと良いでしょう。

材料

葉　洗濯洗剤　重曹　歯ブラシ　絵の具セット　折り紙（金）　板紙
モダンテクニックで制作した和紙　道具セット

進め方

① 採取した葉を、濃度10％の重曹と洗剤と一緒に1〜2時間煮る。
② 葉を歯ブラシでやさしく擦り、葉脈だけにする。
③ 板紙に両面テープを貼り、金の折り紙を貼る。
④ モダンテクニックで制作した和紙を葉の形に切る。
⑤ ②と④を板紙に貼りつける。

板紙は、
金屏風（P70）の余りを
使用することもできるよ。

ポイント

標本に向いている葉は、厚みがあり葉脈がしっかりしているものが良いです。

テキスタイルデザイナーに挑戦

題材について　　レベル：★★☆

　この題材は、通常学級の中学2年「工芸・デザイン領域」で制作している題材です。テキスタイル（染織）のパターン（配置）は規則性があることにより、単純な図形のパターンでもデザイン性のあるものができます。正方形の消しゴムはんこを使うことでパターンも容易にすることができます。正方形を斜めに切って三角にすれば、三角を回転するパターンで花ができたりします。色を変えるだけでも複雑なデザインになります。消しゴムはんこを積み木のようにいろいろなパーツを作って並べて配置してスタンプをしている生徒もいました。生活に密着した実用性を重視した題材を扱うので、生徒たちは作った作品を使うことで達成感を得ることができます。

材料

消しゴム　彫刻刀またはデザインカッター　布　布用スタンプ　道具セット

進め方

① 消しゴムはんこを作る前に、テキスタイルパターンの学習をする。
② はんこのデザインを考え、消しゴムに書き写す。
③ 消しゴムを彫ったり切ったりする。
④ 紙に試し押しをしてから、布にスタンプする。
⑤ アイロンをかける。

ポイント

インクをつけるときは、スタンプ台の方を持ってパフパフとはんこにつけ、インクがついているのを確認しましょう。

くるっと回転。回転版画

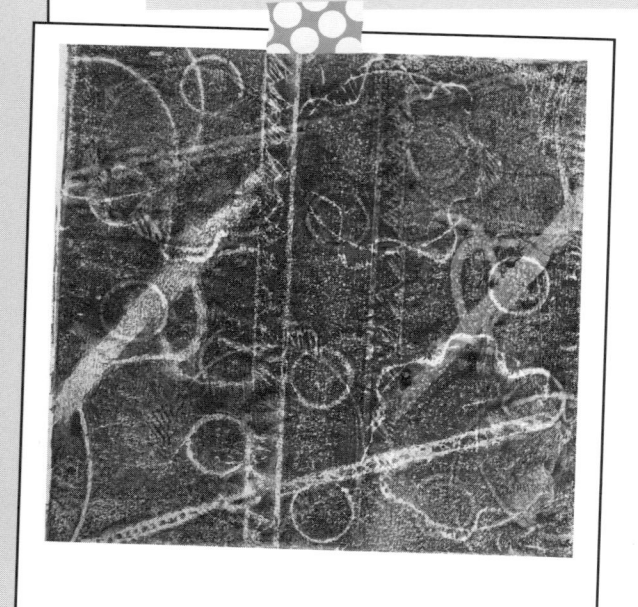

　スチレンボード（発泡スチロール板）で抽象版画を行います。素材が柔らかいのでペットボトルキャップで型押しができ、彫刻刀を使わずとも筆記用具でなぞるだけで版に凸凹を入れられます。手先が器用ではない生徒も簡単にでき、安全に作業が進められます。版画の完成作品は下絵図と反対に刷り上がりますが、この題材は気にせずに取り組めます。型を回転させることで作品に奥行きと複雑さが生まれ、完成度が上がります。版画の工程は手順が多く、協働作業が学べる場にもなっています。通常学級の版画の授業では、どのクラスがどれだけ協働作業がうまくできているか、競い合う姿も見られます。

材料

スチレンボード　画用紙　バット　絵の具セット　カラーインク
洗濯のり　版画ローラー　バレン　養生テープ
スクラッチする道具（ペットボトルキャップ　割り箸　ボールペンなど）

進め方

① スチレンボードを正方形に切り、裏に養生テープを貼り番号をつける。

② ペットボトルキャップやテープの丸芯などで、ボードに線をスクラッチする（具象的でなく抽象的な幾何学模様のほうが作りやすい）。

③ バットに絵の具（カラーインク）と洗濯のりを入れ、ローラーでなじませる。色は3色用意する。

④ 一番薄い色で1版目を刷る。刷り終わったら版を水洗いする。

⑤ 1版目が乾いたら、版を90度回転させて2版目を刷る（3版目も同様に）。

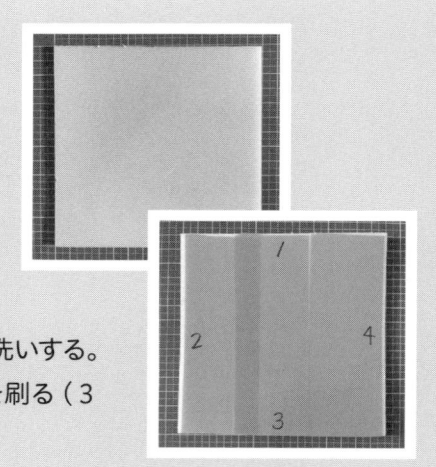

ボールペンで
強めに描こう。

ポイント

洗濯のりを多めに入れると絵の具
のツヤと透明感が増します。

バレンがないときは
菓子のふたでも
代用できるよ。

3章 作品を作っていこう

65

私の印・篆刻（てんこく）

　この題材は、通常学級の中学3年「工芸・彫刻」の領域で制作をしている題材です。作業工程が多い題材なので、注意を持続させる力、落ち着いて取り組む姿勢、順序を意識して作業を進める力を養う訓練となります。刃物を使うので合理的配慮が必要になることもあります。印面で刃物の扱いが難しい場合は、「キリ」で削りとることもできます。持ち手は、鬼目ヤスリ、ドレッサー（金属ヤスリ）などで、力を入れなくても凸凹模様をつけることができます。

材料

高麗石（こうらいせき）（印材）　篆刻刀　鬼目ヤスリ　ドレッサー（金属ヤスリ）　布　道具セット
紙ヤスリ（＃80・＃800）　トレーシングペーパー　ポスカ（赤）　金属磨き　朱肉
バイス（印材を固定する道具）

進め方

印面制作

① 図案（アイデアデザイン）を作成。
　朱文（文字が赤く残る）か白文（文字が白く抜ける）か決める。
② 高麗石の印面表面を布で拭き（石の油分をとる）、ポスカで印面を塗りつぶす。
③ 図案をトレーシングペーパーに鉛筆で書き写す（A）。
④ Aで書いた面を石の印面に貼り合わせ、テープでとめる。
⑤ トレーシングペーパーを爪で擦りつけて図案を転写する。
⑥ 篆刻刀で輪郭線を彫ってから中を彫っていく。
⑦ 彫れたら試し押しをして確認。修正彫りをして完成。

印面は
指でさわって
凸凹がわかる
くらいまで彫ろう。

ポイント

印面を削るとき、篆刻刀の先でカリカリ削ると削りやすいです。

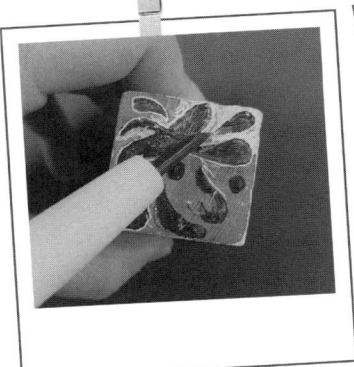

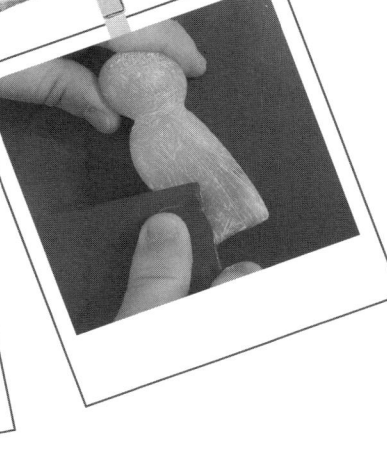

持ち手の下描きは
油性ペンで描くよ。

持ち手

① 図案（アイデアデザイン）を作成。
　（印材の直方体の展開図）

② 鬼目ヤスリで印材を削る。

③ 紙ヤスリ＃80で荒磨きし、石を水で濡らしながら紙ヤスリ＃800で仕上げ磨きをする。

④ 布に金属磨きをつけて磨くと光沢が出る。

ついに美術作品購入！
オークションに参加

ムンク『叫び』

通常学級の「鑑賞の領域」の授業で行っている題材です。ゲーム感覚でできる体験型鑑賞授業となっています。教室がオークション会場、教師はオークショニア（競売人）、生徒が美術商役です。

各時代の名画作品を見て、どの作品が最高落札価格で取引されているかを推察し、発表します。ゲームを取り入れることで、美術鑑賞が苦手な生徒や集中力を保つのが困難な生徒でも、楽しみながら学習ができます。グループでの話し合いもスムーズに出来やすく、コミュニケーション効果が期待できます。生徒たちが大好きな鑑賞授業のひとつです。

材料

名画作品のプリント　メモ用紙（購入金額記載用）

進め方

① 教師はオークショニアになって授業の説明をする。
② 班で名画プリントを見て、どれが一番高く落札されたか検討し話し合う。
③ 各班の発表をする。
④ 絵画の説明などをする。

ボッティチェリ
『ラウンデルを持つ青年の肖像』

ポイント

美術品の価値は、作者、作品の知名度、希少性、人気などで決まるものです。自分はどの作品が欲しいと思ったかなどを対話してみましょう。

私も琳派入門

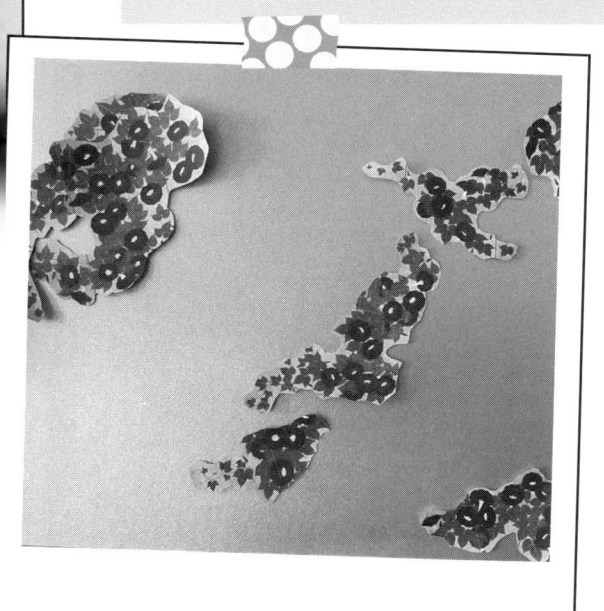

題材について　　レベル：★☆☆

　通常学級の中学2年「鑑賞の領域」の授業で行っている題材です。「金屏風」（P70）の制作の前段階で「琳派とは？画面構図とは何？」の授業となります。鑑賞の授業は大まかに2つあると思います。制作した作品の観賞会をする授業。彫刻や絵画などを学ぶ鑑賞の授業。どちらも作品と向き合うことで、多角的な見方が学べ、思考力の向上にもつながります。

　体験型鑑賞授業にすると生徒も楽しく、コミュニケーションの多い授業ができます。生徒には元の作品は見せません。屏風いっぱいに描かれた「朝顔」を、自分たちならどのように配置するか、どんな屏風を作るかを学びます。教師はファシリテーターの役割で授業を進めてください。

材料

金色の画用紙（A3くらい）　クリアファイル（A3サイズ）　鑑賞用紙
鈴木其一『朝顔図屏風』の朝顔を切ったキット（教師が朝顔を細かく分解して切っておく）

進め方

① 授業の説明をする。
② 班ごとに分解された朝顔を画用紙に配置する。
③ 各班の発表をする。
④ 朝顔図屏風の作品の説明、空間の説明などをする。

■ ルール

1 自由に朝顔を金屏風にレイアウトする。
2 作品発表をする。

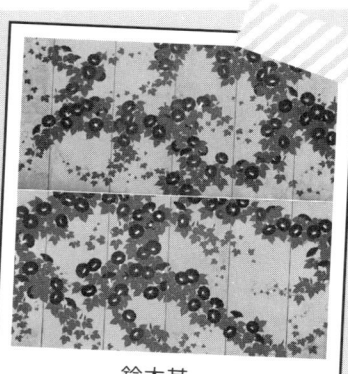

鈴木其一
『朝顔図屏風』

ポイント

元画にとらわれることなく、自由にレイアウトさせましょう。

私も琳派 現代の金屏風

題材について　レベル：★★☆

　通常学級の2年生「絵画の領域」で制作をしている題材です。金屏風は伝統的な日本の美術絵画のひとつです。背景を省略し、余白を活かした背景が金箔であるため、通常の絵画と異なり、空間を意識しながら主題（モチーフ）を際立たせる効果をもたらします。制作をする前に、69ページで紹介している鑑賞の授業も行います。「金の背景がカッコよく見える場所に絵を描こう」と説明すると、生徒もわかりやすく授業が行えます。

材料

金屏風キット　絵の具セット　木工用ボンド　ボールペン　道具セット
アイデアデザイン用紙

進め方

① 金屏風キットに同封されている金箔を貼りつける。
② 先に額装を貼りつける（額装パーツをなくさないため）。
③ アイデアデザイン用紙にデザイン画を描く。
④ アイデアデザイン用紙の裏全体を鉛筆で塗る（カーボン紙の役目）。
⑤ ①にアイデアデザイン用紙を乗せて、ボールペンでなぞる。
⑥ ⑤に絵の具で着彩をする。

ポイント

金屏風キットがない場合は、板紙に両面テープを貼り、小さく正方形に切った金色の折り紙を並べて貼ると金屏風になります。

ボールペンで
跡がつくように
しっかりなぞろう。

正月の伊勢海老を作ろう

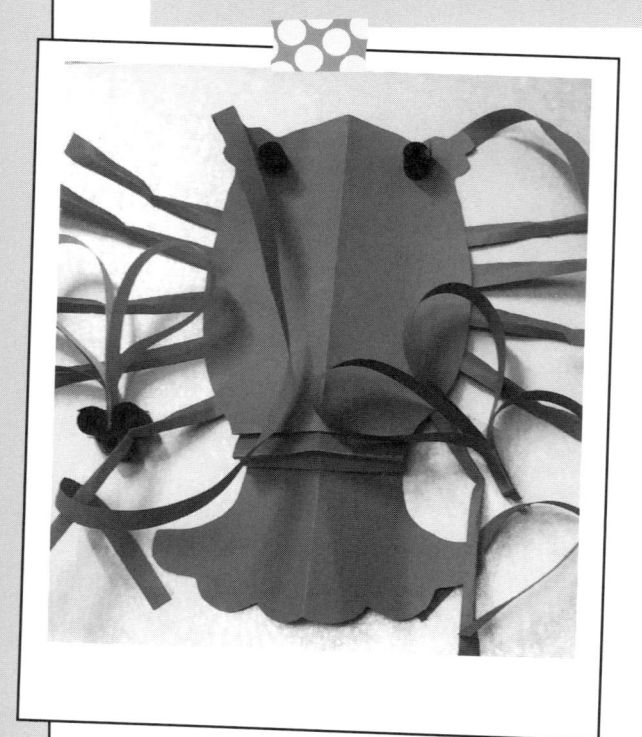

題材について　レベル：★★☆

　季節感のある作品作りは、時間の経過を理解するのが難しい生徒にも季節感や時間感覚を持たせることができる題材です。毎年 11 月下旬からこの題材に取り組みます。完成後すぐに校舎に飾るので、学校に年末年始の彩りを添えます。毎年作るので、作品を通して 3 年間の成長を見ることもできる題材となっています。足やひげは裁断機で切っておくと便利です。足を折るときは「両手の親指と人差し指でつまんで折ると折りやすいよ」と説明しながら手本を見せるとわかりやすいです。

材料

色画用紙　道具セット
型紙　目玉シール

進め方

① 型紙を色画用紙に重ね、半分に折って切る。細かくて切りにくい個所はガイドバサミを入れると良い。
② 海老の腹部は交互に山折り・谷折りし、段々に折る。
③ 足の真ん中を山折りする。
④ ひげをハサミや机の角でしごいてカールさせる。
⑤ ひげと足を胴体の裏にテープで貼り、表に目玉シールを貼る。

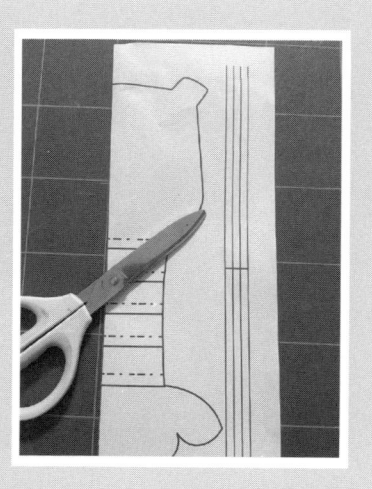

型紙（P 95）
（右の QR コードからも
ダウンロードできます）

海老の腹部は
指でつまみながら
折ろう。

ポイント

型紙の切りにくい個所は、ガイドバサミ（切りこみ）を入れると切りやすくなります。

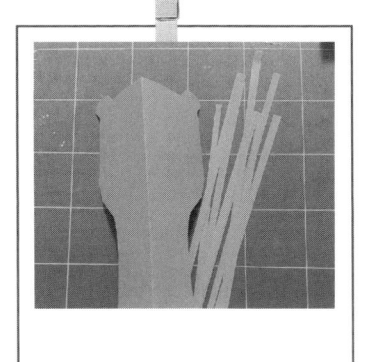

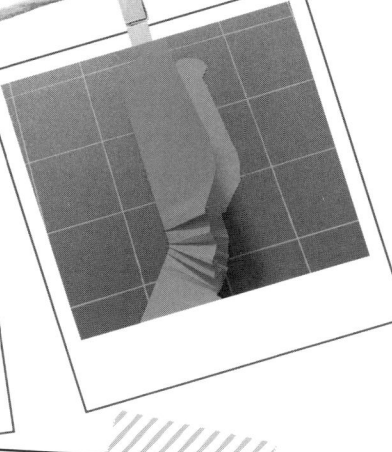

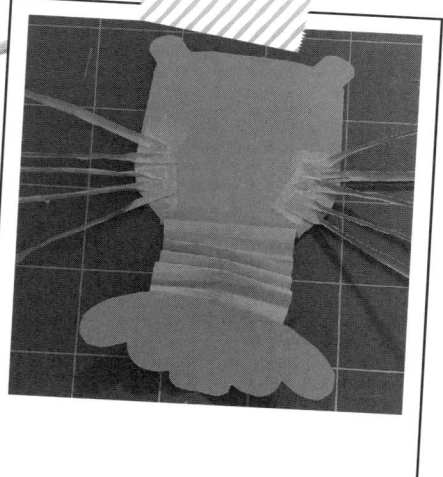

ハサミでしごくのが
難しい場合は
机の角を使うと
やりやすいよ。

3章 作品を作っていこう

タコ・凧・たこあげ

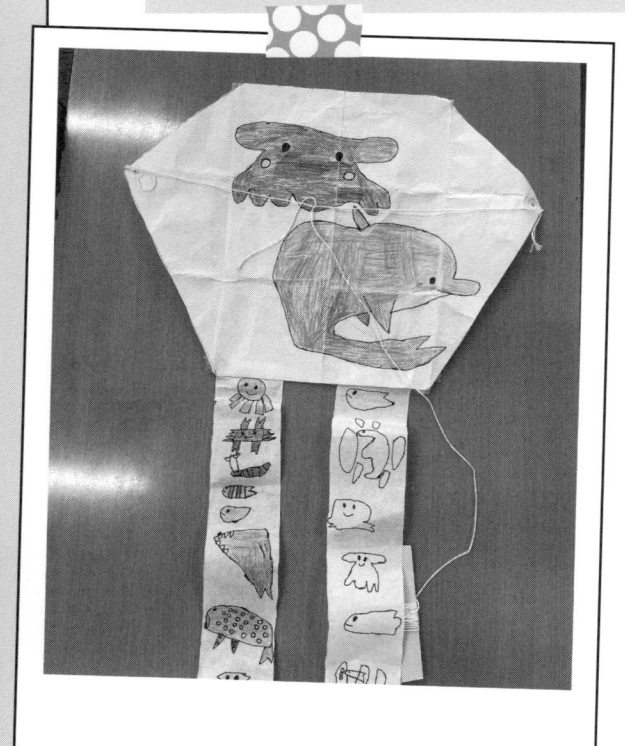

題材について　**レベル：★★★**

　凧の制作を通してものづくりの楽しさ、日本の伝統文化や行事を学ぶことができる題材です。凧あげは外（校庭）で体を動かす題材なので生徒が毎年楽しみにしています。凧作りはハサミや定規を使う、糸を結ぶなどの指先を使う工程が多いです。また、左右対称に正確に作らないといけないため、作業を丁寧に行う集中力、忍耐力も培われます。うまくあげられなかったときは、「なぜ、あがらないのかな」と一緒に考えるのも学習のひとつです。

材料

厚口半紙または障子紙（A3サイズ）
リングシール　色鉛筆　油性ペン　凧糸
竹ひご　キリ　道具セット

進め方

① 半紙に12等分の折り目をつけ、図のように線を引き、切る。

② 凧の足を紙の縦1/6サイズに切って2本つなげた長さにする。

③ 凧の本体と足に絵を描く。

④ 半紙の周りをテープで補強する。

⑤ 本体に足を貼る。

⑥ 竹ひごを本体にテープでつける。糸を通す位置にリングシールを貼り、穴をあける。

⑦ 両端の穴から糸をつなげる（両幅より少し余裕のある長さで）。

⑧ ⑦の糸の真ん中に印をつけ凧糸をつけて完成。

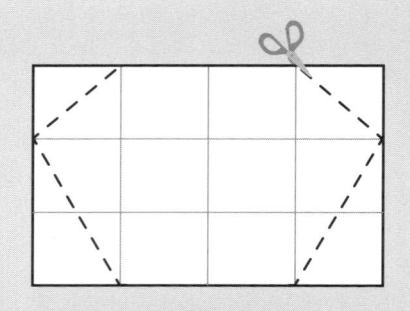

足：2枚をつなげて2本作る

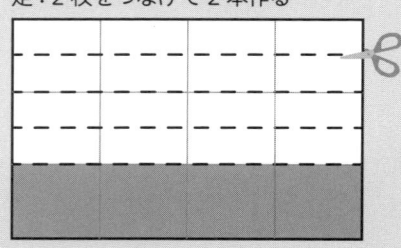

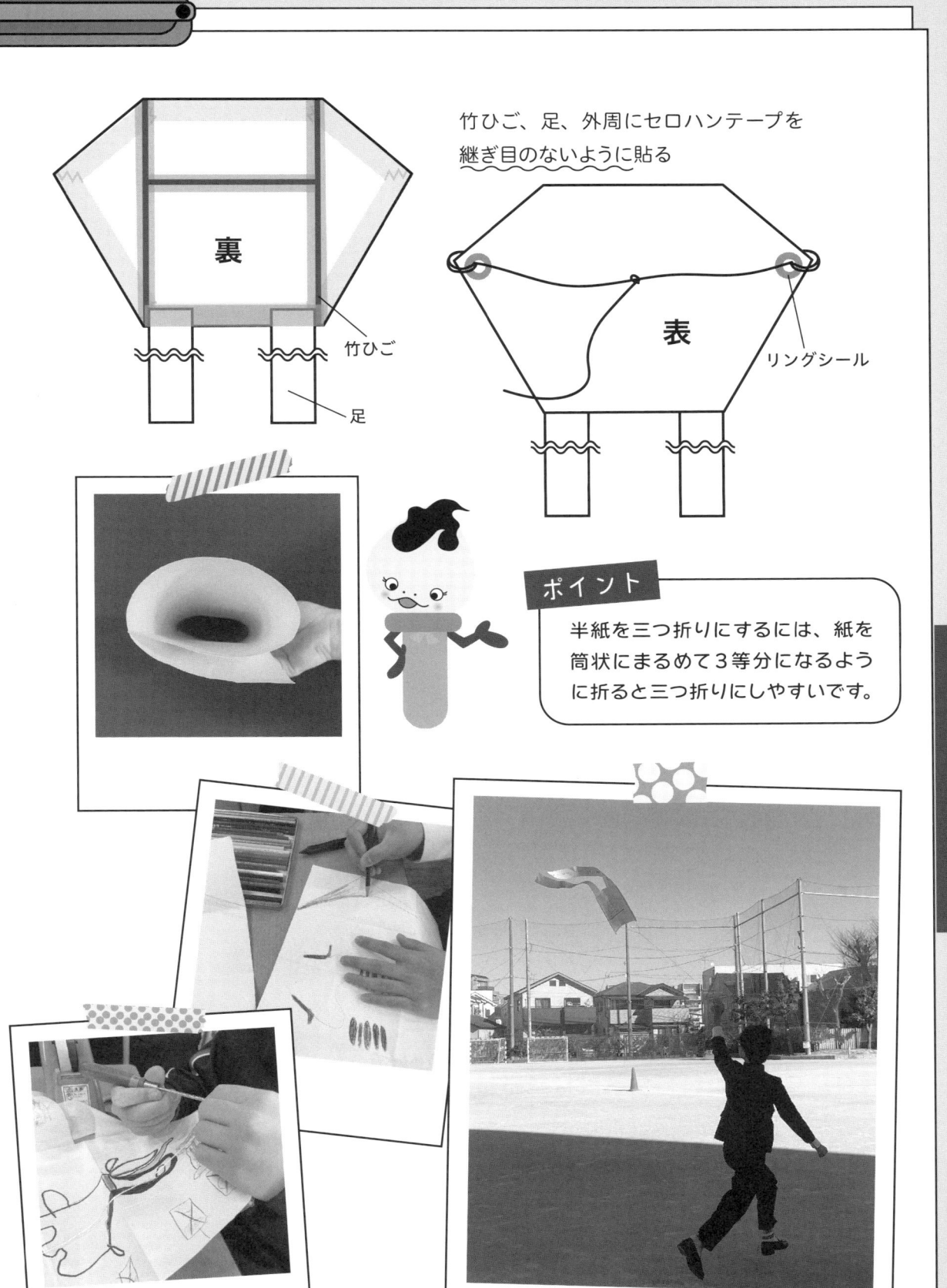

竹ひご、足、外周にセロハンテープを
継ぎ目のないように貼る

裏

竹ひご

足

表

リングシール

ポイント

半紙を三つ折りにするには、紙を
筒状にまるめて3等分になるよう
に折ると三つ折りにしやすいです。

COLUMN

美術の授業におけるプリントの使い分けは?

　美術の授業（通常学級・支援学級）では、ICT を活用しながらも、プリント題材も使われています。アイデアデザインシートや制作カード、鑑賞カードなど、さまざまな場面で活用されるプリントがあります。授業の内容に合わせて、プリントを手書きと PC 作成で使い分けています。

PC で作るプリント

　PC で作成するプリントは、視読性（読みやすさ）や視認性（見やすさ）を重視するものに適しています。例えば、次のようなプリントは PC 作成が効果的です。

- ・題材の説明（道具や歴史など、導入時に使う説明資料）
- ・制作カード（授業のまとめや振り返りに使う表）
- ・アイデアデザインシート（作図枠などが必要なプリント）

手書きで作るプリント

　手書きのプリントには、イラストや吹き出しを使って説明できるので、生徒が興味を持ちやすくなります。また、文字の雰囲気が柔らかく、親しみやすいので、リラックスして授業に取り組める効果もあります。

- ・短時間で説明する題材のプリント
- ・鑑賞プリント（イラストを入れてわかりやすくする）

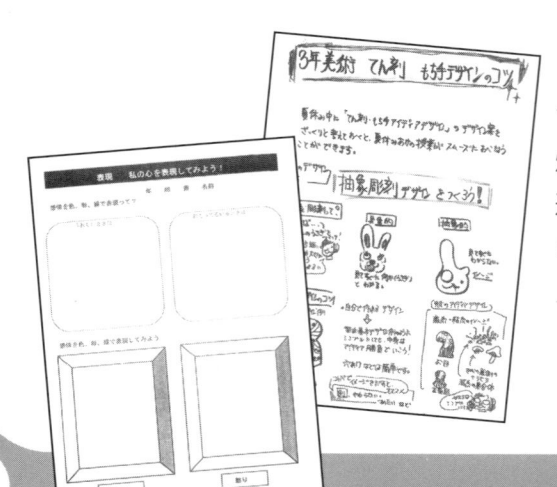

　また、美術プリントを冊子形式にすることで、1 冊にまとめられるため煩雑になりにくく管理がしやすいです。過去の学習内容を振り返ることができ、学習の流れを把握しやすいというメリットがあります。

4章

共同制作から協働制作へ

花火師になって
夜空に花火を打ち上げよう

　ここ2年ぐらい「共同制作」を題材に多く取り入れるようになってきました。共同制作には多くの学びの効果があります。共同制作を通じて、作品を作るには他の生徒と協力することの重要性を学びます。これにより生徒たちは思いやりの心と共にコミュニケーションスキルを向上することができます。

　この制作は、学校でも利用している目玉シールを使って作ります。作品は個人で制作し、最後にまとめる形式なので、他者と関わることが苦手な生徒でも一緒に取り組むことができる題材です。

材料

黒画用紙（練習用A4サイズ程度）　黒模造紙（本番用）　色画用紙　折り紙
目玉シール　ふせんテープ　画びょう　ひも　色鉛筆　道具セット

進め方

① 練習用の黒画用紙に円を描き、円内に十字を書き入れる。

② 円の中心から放射状に目玉シールを貼っていき花火を描く。

③ 本番は、黒模造紙を縦に2つ折りして切った用紙を使う。

④ 黒模造紙の上の方に円を描く。ひもを画びょうでとめ、鉛筆を結びつけて円を描くと大きな円ができる。

⑤ 放射状に目玉シールを貼っていく。

⑥ 下の方に街並みを作る（模造紙に直接絵を描いたり、色画用紙を貼ったりする）。

⑦ 生徒の作品が完成したら作品を並べてつなげ、1枚の長い作品にまとめていく。

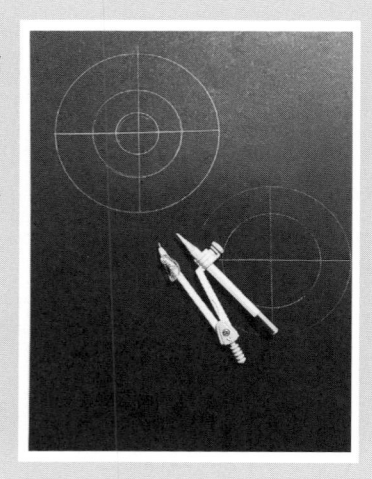

目玉シールを
重ねたりすると
複雑になるよ。

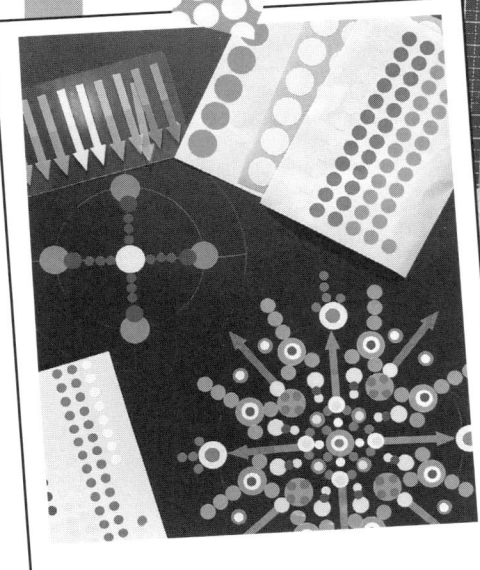

ポイント

花火のデザインは規則性があると
本物らしくなります。

4章 共同制作から協働制作へ

この森は!! 新種の昆虫大集合

題材について   レベル：★☆☆

「昆虫作り」は個人制作、「森の背景作り」は協働制作です。「昆虫作り」は、イメージで自由な昆虫を作ることをテーマにしているので、ICT を使わない制作活動になります。昆虫の基本構造（頭・胸・腹）を説明した後は自分の発想を探求することになり、独自性の高い作品が生まれます。「森の背景作り」はグループで制作します。モダンテクニックを経験している生徒たちは、さまざまな技法を試しながら大きな紙に自由に制作していきます。紙のサイズが大きいので体全体を使います。集中力も上がり、ダイナミックな表現ができ、インパクトのある作品を作ることができます。

昆虫作り

材料

廃材紙　道具セット

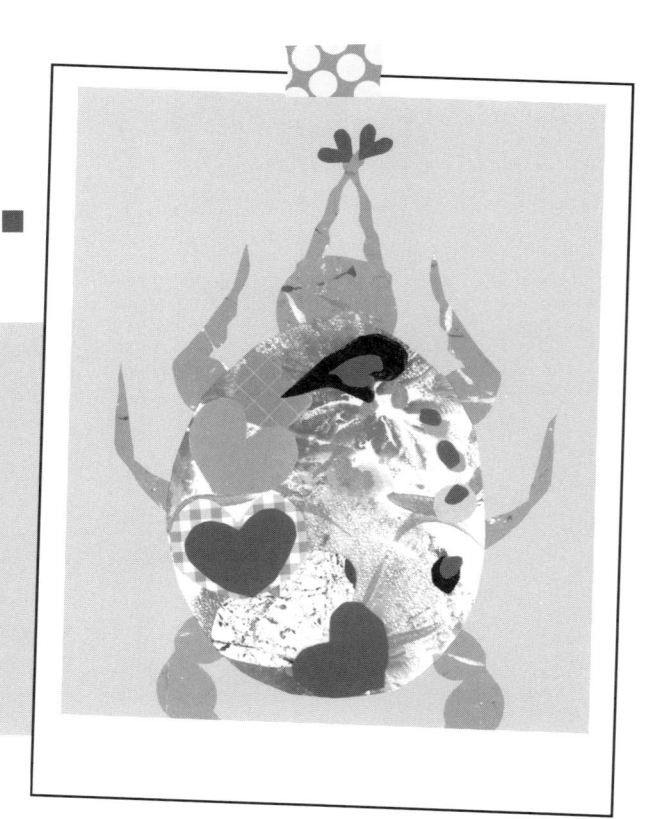

進め方

① 廃材紙が置いてある場所（バイキング形式）、ルールなどを説明する。
② 昆虫の基本構造（頭・胸・腹）があることを説明する。
③ 胴体を作り、紙を自由に切って貼っていく。
④ 頭、足、触覚を貼り昆虫を仕上げる。

ポイント

昆虫を1つ作り終えたら黒板に貼って簡易展示すると、他の生徒の刺激になります。
アイデアを出すのが苦手な生徒には図鑑を渡すと制作しやすいです。

形を決めないで
切ると作りやすいよ。

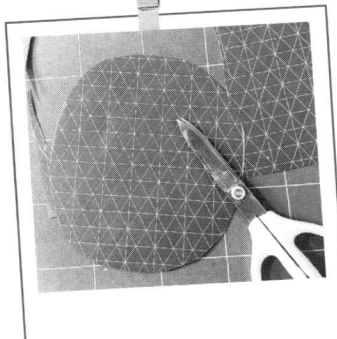

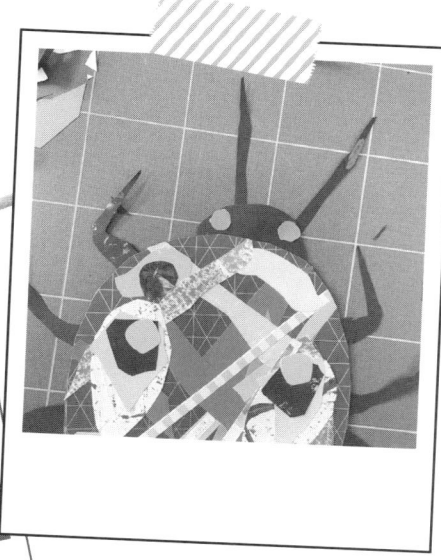

できた作品は黒板に貼ったよ。

森の背景作り

材料　■■■■■■■■■

黒模造紙　絵の具セット
トイレットペーパー
ローラー　バット

■■■■■■■■■

進め方

① 森の基本の色を塗ってから制作することを説明する。

② 模造紙に自由にモダンテクニックで森を表現する。

トイレットペーパーが
付着すると
油彩画のような
表現になるよ。

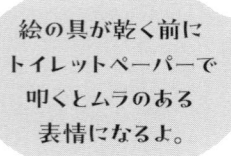

絵の具が乾く前に
トイレットペーパーで
叩くとムラのある
表情になるよ。

ポイント

絵の具は複数色を同じバットに入れると、生徒たちが自由に混ぜたりして制作しやすくなります。

展示

1 模造紙を横4等分に折って切る。

2 自分の好きな場所に昆虫をレイアウトする。

3 各自がレイアウトしたものをつなげて1枚の長い作品にする。

ポイント

紙をつなげて1枚にするとき、接合部分に昆虫を配置すると流れが出て自然に見えます。

いろんな昆虫が
たくさんいるね。

ペーパークラフトで花を咲かせましょう

　2月になると、3年生・教師・家族への感謝の気持ちを込めて、壁面飾りと花束のお花作りを行います。この活動は、生徒たちにとって「ありがとう」を形にする大切な時間となります。毎年何種類かのお花作りを学び、自分がその中で得意な花を分業して制作します。飾りは全員で協力して壁面に飾りつけます。構図や配置も生徒たちで決めていきます。

　制作の難易度は生徒に合わせて調整でき、目標を立てやすい題材です。一つひとつの作品（パーツ）を組み合わせて完成させるため、失敗が少なく取り組みやすい特徴があります。また、見た目が華やかで達成感を得やすく、生徒が制作した作品に誇りを持てる機会となります。完成した作品を見て感動する姿も多く見られ、成功体験を積むことで、制作の楽しさや自信を育むことができる題材です。

材料

紙類（モダンテクニックで制作した画用紙
色画用紙　トレース紙　新聞紙　お花紙
キッチンペーパー）　輪ゴム　割り箸　道具セット

ガーベラ

　花びらと花芯は紙の長さの違いで作ることができます。花芯は無彩色（黒・灰色）で作り、外側は好きな色の画用紙で花びらを作ると、鮮やかで洗練された作品になります。また、まとめた際に全体の色の統一感が出ます。

進め方

① 長方形サイズの色画用紙を、ひとつの花につき2種類用意する。

    花芯……無彩色　小サイズ　2枚

    花びら…有彩色　大サイズ　2枚

② それぞれ2つ折りし、折り目をしっかりつける。

③ 開いている方に1cm余白をとり、線をひく。

④ 山折り側からハサミで細く線状に切っていく。幅は
　　細かければ細かいほどよい。

⑤ ③の余白個所に両面テープを貼る。

⑥ 花芯を巻いた後、花びらを巻きつける。

⑦ 花びらだけを広げる。

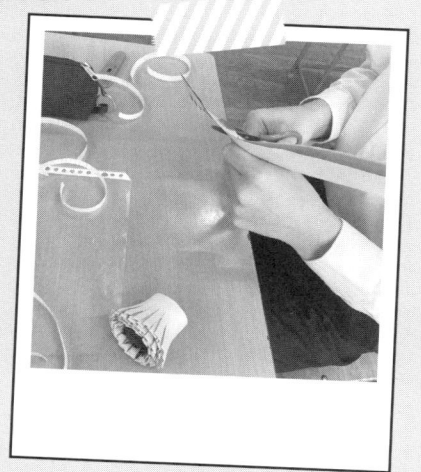

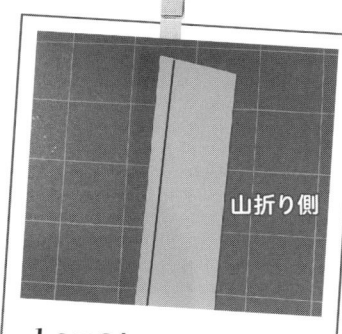

山折り側

1cmのところに線を引く。

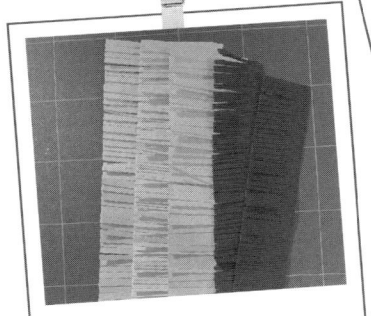

余白部分を残して切る。

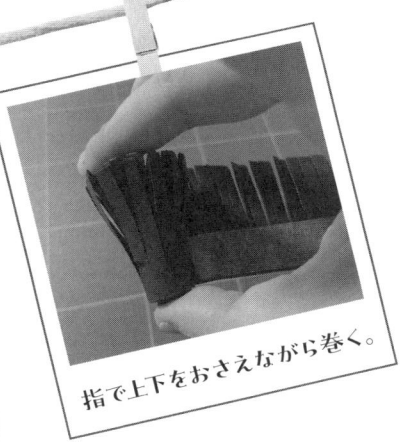

指で上下をおさえながら巻く。

花芯の
ボリュームによって
花の雰囲気が
変わるよ。

ポイント

線状に切れない場合は、切る位置までの
ガイドの線を書くと制作しやすいです。

4章　共同制作から協働制作へ

85

巻きバラ

巻きバラは、正方形の紙を渦巻き状に切り、グルーガンで固定する制作方法です。紙を巻くとき、紙の中心を持って巻くようにしてください。縦長に巻いてしまうと、巻貝のようになってしまうので注意しましょう。画用紙は、モダンテクニックで制作した紙があれば、色彩豊かな作品になります。

進め方

① 正方形の画用紙を用意する。

② 裏面に3〜5周の渦巻きを書く。渦の中心は少し大きめに書く。

③ 渦巻きを切る。

④ 渦巻きの外側の端からクルクルと内側に向かって巻く。

⑤ 最後の内側の部分（渦巻きの中心部分）を裏側に折りたたんで、そこにグルーガンをつける。

角を丸く切る。

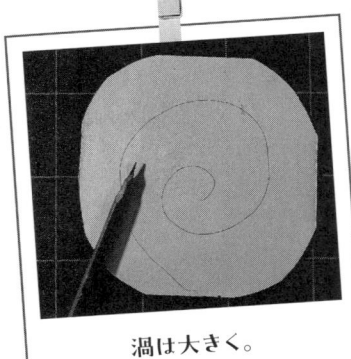

渦は大きく。

外側から切っていく。

ポイント

渦を切るとき波形に切っていくと、より花びらのように見えます。

つまみながら持つと
中心に巻けるよ。

しっかりおさえる。

中心にグルーガン。

指でおしつける。

なみなみバージョン。

展示

ブーケ編

① 花の下中心部に割り箸をさして茎を作る。

② 緑色の画用紙を笹の葉のように細く切る。

③ アレンジをする花をまとめ茎を輪ゴムでとめる。その周りに葉を配置しグルーガンでとめる。

④ 角2封筒を1枚の紙に切り開く。

⑤ ④をラッピング紙にして花を巻く。

⑥ 巻いてある花の隙間に巻きバラを入れグルーガンでとめる。

封筒の
切り方

角2
封筒

展示

壁面飾り編

　毎年、その年のテーマを決めて作品を展示しています。特に、卒業する学年色を取り入れることで、卒業生へのはなむけの展示として特別な意味を持たせることができます。展示方法としては、個人作品でパーツを制作し、全体に組み合わせて貼ることで、一体感のある作品に仕上げることができます。また、分担作業にすることにより全員での展示の過程をスムーズに進めることができます。このような工夫により、卒業生にとって特別な思い出に残る展示となります。

協働プロジェクト1
岡本太郎になろう

題材について　レベル：★★★

　私の勤務地である神奈川県川崎市は画家・岡本太郎氏の出身地で、「岡本太郎美術館」があります。美術の授業では岡本太郎氏の学習をしています。「ここ数年で協働制作の大作もいくつか作れるようになってきたので、大きなプロジェクトを行ってみたいね」という話からこの企画はスタートしました。幸い岡本太郎美術館の協力も得て協働作品を飾ることができ、学校外の一般の方々に見ていただく機会を得るという一大プロジェクトとなりました。

　事前学習では岡本太郎氏について学び、本制作へ。実際に美術館に行って展示を鑑賞し、事後学習として発表会をしました。多くの方に作品を評価されることは生徒たちにとって大きな励みとなり、自己肯定感、学習意欲の向上にもつながります。

材料

　紙類（主に廃材紙　色画用紙　半紙　和紙　トレース紙など）　模造紙
　絵の具セット　ローラー　道具セット

進め方

※下絵以外は生徒主導で制作を進めていくことにする

【全体図と各パーツの下書き】
① 下絵は教師が描く。各パーツは制作する大きさに拡大印刷し、それぞれ余白をとってハサミで切り分ける。

【ちぎり絵の材料の準備】
② 紙類をちぎってちぎり絵用の紙を作る。紙は色別に分けて保管する。

【ちぎり絵の制作】
③ パーツごとにグループに分かれ、グループで下絵に紙を貼っていく。グループ制作が難しい生徒は個別制作で行う。

【背景を作る】
④ 色画用紙に背景を作る。色画用紙にテーマに合ったイメージでモダンテクニック（スパッタリング、スタンピングなど）で仕上げていく。複数枚の模造紙を使う場合、仕上がったら、裏に養生テープで貼り合わせ、外周を補強する。

【背景に各パーツを貼る】
⑤ ちぎり絵で制作した各パーツの外枠（黒縁）に合わせてハサミで切る。
⑥ 各パーツを模造紙に配置し、両面テープで貼る。

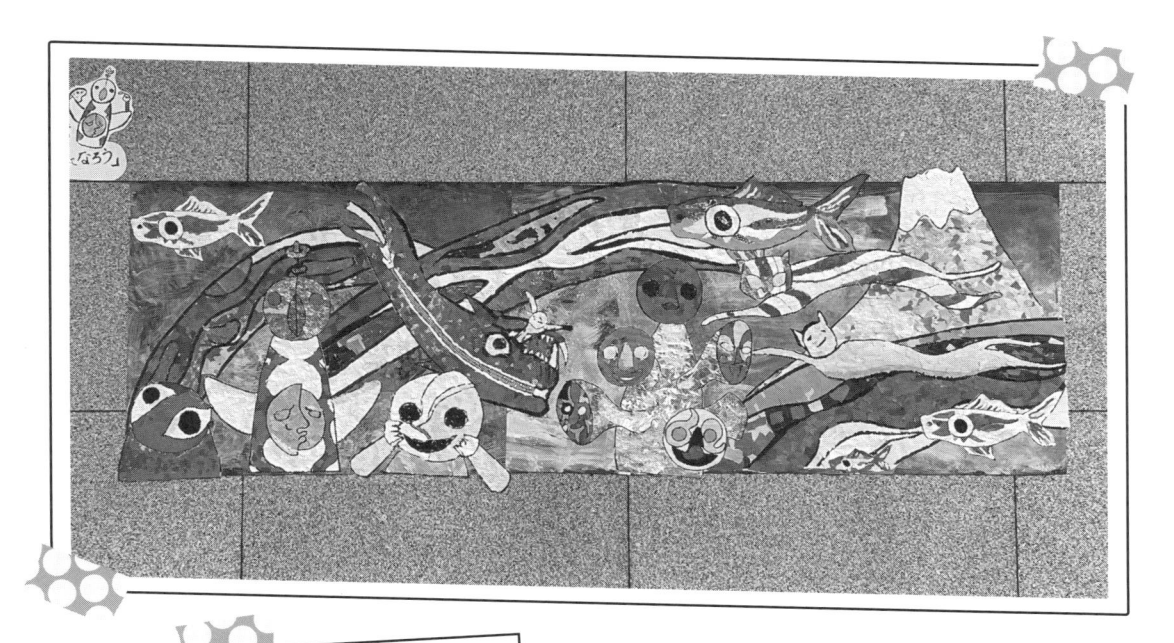

参考：下絵用紙
（右の QR コードから
ダウンロードできます）

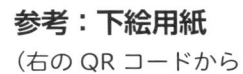

ポイント

ちぎり絵の紙の色は、赤なら、赤1色の紙で表現するのではなく、いろいろな素材の赤で貼り合わせると、作品に深みが出ます。

協働プロジェクト2
他校とコラボ！川崎市市政100周年記念

題材について　レベル：★★★

前年度は、生徒たちの作品を岡本太郎美術館で発表することができ、多くの方に見ていただく機会を得ました。その経験を通じて、生徒たちの自信や表現する楽しさを学ぶことができました。生徒から「今度はいつやるの？」という声が上がり、制作への意欲がさらに高まるようになりました。ちょうど、勤務している神奈川県川崎市が市政100周年ということもあり、私のもうひとつの勤務校とのコラボレーション企画をし、市役所本庁の展望台に展示できることになりました。

2つの中学校は、川崎市の南部と北部で離れているので、住んでいる地域の特徴を事前学習で学びました。作品にはお互いの地域の特徴を取り入れ、アクセントとしてその地区の特徴的な特産物を取り入れました。地域学習の側面もあり、自分が住んでいる地域だけではなく、他の地域のことも学習することができました。

今回のプロジェクトでは美術館、市役所の展望台に作品を展示することができました。

地域で作品を展示する際には、まず施設や関係者に問い合わせることが大切です。その際、単に展示を希望するだけでなく、「展示することで地域や施設にどのようなメリットや価値をもたらすか」を明確に伝えることが重要になります。例えば、地域の文化や交流の活性化、来場者の増加、施設の魅力向上など、具体的な利点を説明すると理解が得やすくなります。事前に準備を整え、円滑な展示実現に向けた工夫をすることが成功のポイントとなります。

共同作品では、他者と関わることが苦手な生徒もいるため、個人制作の選択肢を用意することが大切です。しかし、何度か共同制作を経験するうちに、「友だちと一緒に作りたい」と自発的に声を上げる瞬間が訪れます。これは、生徒が人との関わりに前向きになり、社会性や自己表現力が育まれた証です。**共同から協働へとつながるこの成長のプロセスこそが、美術の授業が持つ大きな可能性であり、創作を通じた学びの本質**なのです。

※ 材料・制作手順は「岡本太郎になろう」と同じ。

昆虫デカルコマニー

正月の伊勢海老を作ろう

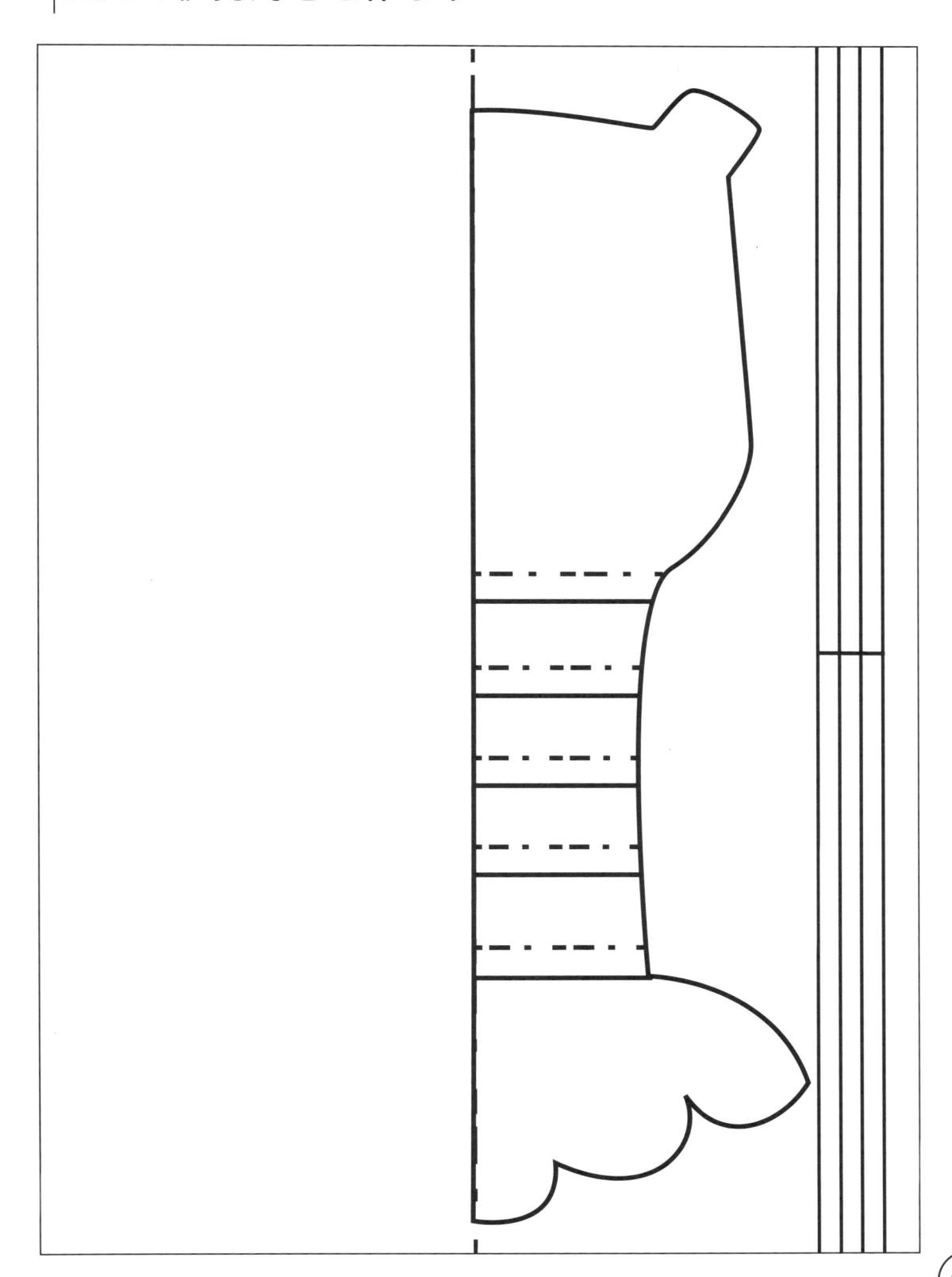

● プロフィール ●

武　香代美（たけ　かよみ）

女子美術短期大学・武蔵野美術大学卒業。
教師、デザイナー・イラストレーターを経て
現在、神奈川県川崎市の美術科非常勤講師。
著書に『アートでアソボウ！あっと！おどろく絵画あそび』（いかだ社）がある。

イラスト・デザイン●武香代美
撮影●武香代美／片野田斉
DTP●志賀友美

特別支援の美術指導
インクルーシブ絵画&造形

2025 年 4 月 18 日　第 1 刷発行

著　者●武香代美
発行人●新沼光太郎
発行所●株式会社いかだ社
　　　　〒 102-0072　東京都千代田区飯田橋 2-4-10　加島ビル
　　　　Tel.03-3234-5365　Fax.03-3234-5308
　　　　E-mail　info@ikadasha.jp
　　　　ホームページ URL　http://www.ikadasha.jp/
　　　　振替・00130-2-572993
印刷・製本　モリモト印刷株式会社